➡ 90后自拍自摄自撰的青春图文书

超级90后

我·们

许 洁 主编
超级90后·漾 文/图
中国盲文出版社

生于 19

1990s，我们呱呱坠地，生根发芽。

1990s，开始了属于我·们的时代。

1990s，那是梦开始的地方

爸爸妈妈说，搞不懂你们说些什么，因为火星文是我们的专利；80后说，你们是非主流，因为下一代总是独行特立；00后说，你们已经是奥特曼，因为这时代已如巴斯光年般变化快。

但我们无悔于这 1990s。

我爱学也爱玩,我不 WS 不 NC,我敢大声哭大声笑。我们有劲舞团有剪刀手自拍加 PS 有最小说还有喜羊羊和灰太狼。

最重要的是,还有你,我亲爱的朋友们,

陪我走过,

那属于我·们的,

1990s!

目录

6 卷首语
超级90后：我·们时代的新青年

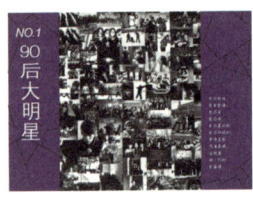

8 NO.1 90后大明星

10 ［恰同学少年］
10 MISS YOUNG 李明明
14 音乐才子李晗

16 ［班级偶像］
16 这里是彩虹的国度
18 我·们班相册

19 ［我世代］
20 90后"我"的成长史
22 我·们的梦想
23 我·们的未来

24 NO.2 我在说

26 ［看天下］
26 2012来临，你准备好了么？

28 ［身边事］
28 90后为什么流行"囧"
29 中学生能不能用奢侈品

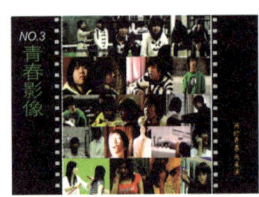

30 ［我·们都说］
30 快乐有我，快乐巨献

34 NO.3 青春影像

36 ［青春电影］
36 高中生电影四部曲
38 幸福的路上（剧本）
43 《幸福的路上》访谈录

46 ［纸上电影］
46 叶子·夏天

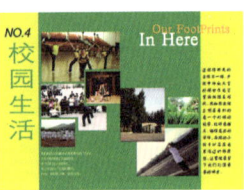

50 NO.4 校园生活·毕业时
（专题策划）
52 藏匿在角落的回忆
54 Everything Gonna Be Memory：回忆无声
58 我的三年高中生活

62　NO.5 青春版经典

64　[微博论语]
65　中学生国学研讨会
71　超级90后的微博论语

73　[青春经典剧]
74　校园版《白雪公主》

78　NO.6 行游天下

80　[游学之旅]
80　这个夏天，我·们在美国
81　赴美之行大爆料
82　五花八门篇

83　[爱心公社]
84　爱与希望——爱心社贵州行
86　"贵州行"的那些天

88　[留学攻略]
88　从中国高中到世界大学，
　　你考虑好了吗
92　STA 香港考试贴心密笈

94　NO.7 玩家达人

96　[中学生生存技能手册]
96　讨价还价大攻略
98　不冷场，人气王说话秘诀

103　[颜·色]
104　瞬·间（摄影）
106　Art, what's that（涂鸦）

108　NO.8 新青年

110　[新青年文库·经典再造]
111　名著名译青春时尚绘本：
　　《少年维特之烦恼》

116　[超级90后·微群]
116　90后的"10万个为什么"
117　超级90后最High的365个问题

119　[我·们和你]
119　本期《超级90后》主创团队
120　"新青年·超级90后"征稿启事

卷首语

超级90后：
我·们时代的新青年

爱阅读，爱表达，爱分享；
爱放纵地读，爱恣意地写，爱肆无忌惮地分享；
我很给力，我是超级90后！

我时代，我世代，我生于1990s，我·们是90后！

90后，是我·们时代的新青年，是推动我时代前进的新动力。

我·们成熟，对社会有自己独立的思考；我·们重视个性，发明了"火星语"，用"叛逆"坚守自己，用"犀利言辞"获得存在感。

对世界的好奇和憧憬，让我·们打败了奥特曼。在我·们的人生词典里，"Super 90后"将书写在第一位。

我·们在各个校园社团的舞台上展现自我，有cosplay的华美，有街舞的炫动……同时，也用社团自编自创的杂志传播风采。这些承载着青春成长印记的校园社团杂志，用文字和图片记录校园生活，也透露着我·们独特的生活视角。

我·们是草根，但坚持以原创打动同龄人，以自我创作来引领健康的校园流行文化；我·们倡导颠覆传统，纪录身边的故事，解读同龄人的内心世界。让同学登上杂志封面，用电子杂志纪录同学自拍的电影短片，对外发行杂志让社会听到我们的铿锵之音……这些都不是传奇，而是我·们正在尝试、正在做到的事情。

每本杂志背后，都有我·们想要说、想要评、想要议的迫切。因为发出了个性的声音，我·们相信，这就是属于90后的精彩！

生于1990s，我·们想以自己的姿态和这个世界谈谈，用属于我·们的故事、文字、影像打破社会对90后的一些固定成见。

我·们渴望在公共领域里找到一片发言阵地，告诉世界：我·们来了，请看看真实的90后！

因为我说，所以精彩！

NO.1
90后大明星

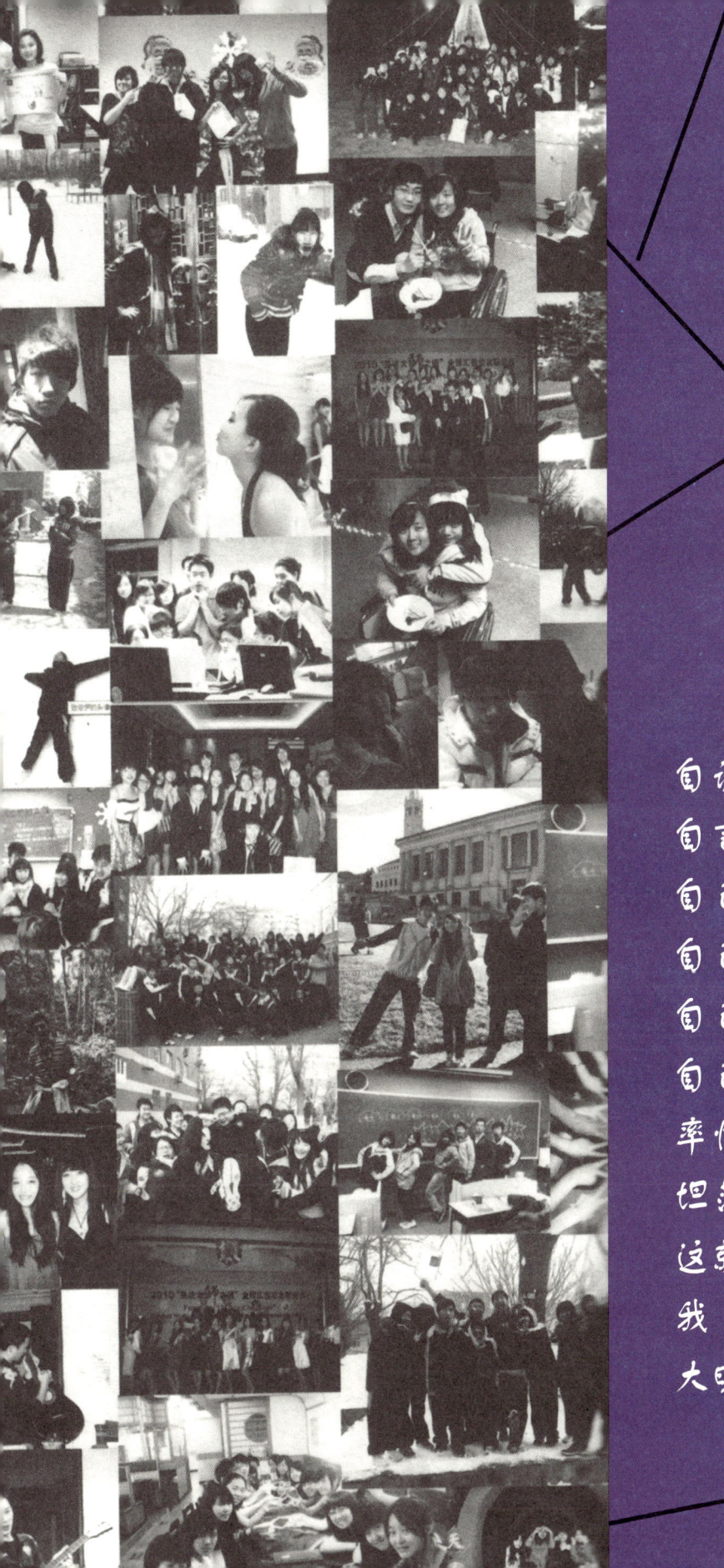

自说自话，
自言自语，
自己笑，
自己闹，
自己喜欢的，
自己珍视的，
率性直白，
坦荡真诚，
这就是
我·们的
大明星。

MISS YOUNG
李明明

Make today the best day of your life

李茹 / 文

《超级90后》：你希望你的生活是什么样子的？

L：我希望我的生活清闲一点，不过我觉得我再希望我的生活清闲一点我也没办法生活得清闲，因为我就不是闲得住的那种人。虽然向往田园生活，但是我觉得如果我真的过上那样的生活的话，不出三天我肯定得憋疯了。其实就是作为一种心灵的美好寄托。不过我现在这样也挺快乐的！其实也是因为有时候累了才会这么想的，毕竟需要休息嘛。但我不是需要休息特多的那种人，我挺喜欢忙的，忙的话就让我觉得特别有效率，但是闲的话就觉得浪费生命。我现在现实中的生活就是晚睡早起，每天做很多很多的事情。

《超级90后》：是一直都这么忙吗？

L：高一高二的时候社团比重占得特别大，然后高三的学习占的比重就会特别大，因为毕竟社团要花费很多时间和精力，所以现在基本上就是学习。像我们现在的高中课程基本上就等于已经进入复习阶段了，但是托福和SAT其实一直都在准备着。因为之前大家都在努力用功的时候我在搞社团，然后现在大家还在努力用功，我就得加倍努力用功，这样才能给自己一个交代。我其实挺后悔没好好学习的，就是没有花特多时间在学习上，但是我一点也不后悔我做了这么多活动，因为这两个不冲突。我之前从蒋贺子那看的那个TED（美国的一个节目），有一个人在做一个presentation，讲的是The way to success，讲了三分钟，他就说："你应该这么做这么做这么做……"，都是一些特别浅显的道理，但是其实做起来很难，其中有一个就是Push yourself really hard. 因为人都是有惰性的，但是只有克服了它才有机会成功，所以我现在就在使劲地push我自己，因为我不想让自己后悔。

《超级90后》：对你来说学习是怎么样的一个事情？

L：对我来说课业不是最重要的，但是我不能允许自己不好好学习，因为我觉得这个时间段我的身份是学生我就应该好好学习，做了其他的东西只能说是发展了兴趣爱好或者说是满足了什么心愿，但归根结底作为一个学生，就应该好好学习。我觉得是应该做符合自己身份的事情。像现在学习在我生活中的比重就在慢慢增长，可能以前70%的活动，30%的学习；现在可能就是20%的活动，80%的学习，甚至更多，因为毕竟社团也交接了，事情也不是很多了。很多人只要托福SAT成绩，那就可以专攻这两项，但是我又得要托福SAT，又得要文凭，各种TOK、EE、内评、作业等等的东西，都得分期分批地交，就会特别难受，包括CAS什么的活动照片之类的琐碎的东西，就会搞得很累。但其实当你把自己规律起来以后，你就会发现自己还有很多时间，我最近就过得很规律。在中学一定要抓住一些边角的时间。

《超级90后》：你觉得校园牛人是什么样的？
L：我觉得，是不是校园牛人不是全由学习成绩决定的，比如说像李青蓝和郑楚晗，他们都是上几届特别牛的人。李青蓝就是上上届校园杂志主编，她就是那种走到哪里都特别high，干什么事情都很有韧劲，不到最后决不放弃的那种人。而且她还是那种想要把这件事做好就一定能做好的人。郑楚晗属于那种特别有原则的人，比如说她觉得自己在家里应该朝九晚五的作息，她就会这么做，而且她在学校每天都尽量吃食堂，实在没时间去食堂就会吃面包，从来都不会做有损身体的事情，她总说"身体是革命的本钱"。郑楚晗在海宇盟里也是技术特别牛的一个人。我现在在海宇盟的策划部，当年她就是我们的部长，对我们一直要求得特别严格。还有比如说蒋贺子，她也是那种去哪都会超级high的人，哪怕是一张记作业的小纸条都会把它做得特别艺术。我们俩也会经常一起熬夜，而且一定会及时完成自己订的任务。包括像徐爷（徐天阳），他摄影特别好。校园里还有很多这种多才多艺的人，比如说刘元丰，他们都有特别突出的地方，不单是学习。其实在以后生活中也一样，一定要有一样特别能拿得出手的东西，我觉得有一个特别突出的方面有时候其实要比有很好的成绩更重要。当然，学校里也有学习特别牛的人。另外还有在生活上很牛的人，比如有些人会坚持早上七点起床，然后去食堂吃早餐，每天过得虽然平静但是很规律。王宇轩就超牛，他在宿舍会把自己的生活打理得特别好，比如自己洗衣服，而且他特别喜欢音乐，想唱就唱一段，总之就是特别不一样。而且之前钱明然和我说过，真正的校园牛人不是那种会一心一意干好一件事，而是那种会三心二意干好五件事的人。朱琦也是这种人，她是那种你完全不可能和她用同样时间完

成同样事情的人，就比如说她会用两个小时写完一篇高分论文，但是别人用两个小时就只能写完前三段。

《超级90后》：聊聊你的爱好吧，或者说是特长。
L：其实我觉得我现在这些都是小才小艺，我觉得我最大的特长是古筝，我还很喜欢画画。摄影呢经过钱明然的调教也还不错吧，跆拳道也可以算特长吧。其实这些都是完全靠兴趣的，就比如说小时候我妈让我学钢琴，但是我对它没有兴趣，所以就没再继续学下去。我是那种只会因为有兴趣才会去学的人，我妈不会逼我，后来我觉得我对古筝感兴趣，就开始学它，一学就学了六年。刚开始学古筝的时候我也碰到了一些困难，怎么弹也弹不好，后来在不停练习后度过了瓶颈期。我学画画是因为有时候看到周围的人随手画两笔就像是艺术品一样，自己也就试了试，发现画得还不错，哈哈。像摄影，我刚买单反的时候真的什么都不懂，然后有个朋友网上授课，告诉我怎么用它。刚开始照的时候觉得什么都不对，曝光也不行，后来慢慢就好很多。其实我在摄影方面也不是很牛，当你涉足一个领域，你就会发现真的是人外有人天外有天，但是行外人就会觉得你很厉害。我真的觉得兴趣是特别重要的。就比如说画画，当你真正想画的时候，你可能每天都会画两笔，但是当有个人去逼你做的时候，你就会把它当作一个任务来完成，就不会自发地去做。所以说兴趣是最大的动力。有时候我和蒋贺子一起熬夜，熬不下去了就一起画画，这个学期不像上个学期，我们都特意不让自己带着画笔，因为怕自己忍不住想画。像以前我会带水粉、彩铅、蜡笔、水溶性铅笔。而且还有一个单独的袋子用来装各种笔。还有一个袋子用来装各种各样的便签纸、小贴画。不管做什么的时候，都会想给它弄漂亮点，比如说上学期最后一次给你们开会，开会前我就想好好装饰一下，然后就弄了好半天，不知道你们有没有看到。其实这样的事情如果你不是基于兴趣而只是想把它们弄好看的话，我感觉反而会显得很刻意，其实随意一点挺好的。虽然我现在只能画二维的画，但是我觉得开心就够啦，够用，哈哈。

《超级90后》：那你觉得你是个什么样的人呢？
L：我觉得我很开朗，乐观，坚持。就是说假如我托福没考上100我一定会继续学，直到上了100，我是那种如果一件事没做好、我一定会坚持到最后尽力把它做好的人。就比如说去年快考数学的时候，我基本什么都不会，到最后就一直看书到凌晨五点，就想把它弄好。第二天就考试，所以必须强逼着自己脑子运转，最后结果还是很好的。所以你必须要使劲儿逼自己，一定不要想自己有什么事情做不到，不要给自己这种心理暗示。就比如说第二天就要考数学，不要告诉自己生理和心理条件不可能之类的。你要清楚地告诉自己想要什么，然后就一直朝着这个方向努力，就绝对做得到。比如说你今天突然很笃定地告诉自己想要学小提琴，那就去学！不要去想什么太难了自己不可能做到。其实这就要看你把什么摆在最重要的位置上了。就像我现在会努力地告诉自己我会爱上SAT，然后我就发现它其实并没有那么那么难。我是那种会把需要放在第一位的人，假如说我需要什么东西，那我就会为了这个事情不顾一切，奋不顾身。而且我特不喜欢拖，如果我订好了那天去做什么事，那就算熬到再晚也会做完。我特别讨厌在选择上浪费特别多时间，我是遇到丁字路口会立刻做决定的人，不会去纠结于去想哪一条路更好，做完决定就会闷头去做。对我来说最好的结果就是最有效的结果，最有效的结果就是节省时间。所以不能把时间浪费在做决定上。还有就是告诉大家，一定要养成按时完成功课的习惯，真的非常重要！

《超级90后》：谈谈学校带给你的改变吧？
L：我觉得，我来了学校以后变得特别随和，或者说更随和了。学校很嗨的！性格方面呢，变得坚

李明明 LILY

Make today the best day of your life.

Tomorrow is another day.

LE LIFE

立学校的老师会帮助你做很多,这样就觉得没那么累,但在私立学校老师会让你搞特多活动,你会意识到这真的是交给你的事,你必须去负责。这无形之中就教会了你做人做事要负责任做到最好的态度。学校气氛也会特别好,老师会特别信任你,什么事就完全交给你去办了。再包括,我认为能力都是自己锻炼出来的,越不给你机会你就越不知道自己的能力到底有多少。以前我体质特别不好,但是在海宇盟,我发现只要拼一拼,我是可以的。还有在杂志社,我会发现我能接受一个我以前完全不会的东西,而且还能做得不错,然后我也发现自己可以同时顾好几件事,包括我也发现自己是可以熬夜的,并且在这种条件下我还活得很好。各种事来了就兵来将挡水来土掩,学校是个特别神奇的地方,我完全不后悔我来到这里。只不过是刚来的时候可能会有点不适应。从某种程度上看,是放弃了以前在公立学校积攒下来的好多东西,包括那种优越感,到这以后一切又得从新开始,挺受挫折的,因为突然发现牛人太多了!但是慢慢就好了!因为私立学校的人真的和公立学校的人很不一样。

韧了很多。以前在公立学校从来没有尝试过熬夜,每天过着特别规律的生活。小的时候会比较激进,会抱怨,但是到现在就会觉得那些事not big deal,可能是因为人在成长的过程中也变成熟了,小时候可能是因为精力没处使。但是现在会觉得,哪有时间去在意这些事,都没时间睡觉了,真是庸人自扰。在学校会发现,真正责任在自己身上的时候,你就必须得把它担负起来。在公立学校的学生和在私立学校会有很大不同,公

明星小资料:

星座:白羊座
职位:栖迟杂志社社长,海宇盟策划部长
喜欢的音乐:音乐是我的第一喜好,所有音乐都很好。
崇拜的人:目前是Jason chen
最喜欢的歌曲:My little airport
喜欢看的书:The secret
Dream school:安娜堡
信仰的一句话:Make today the beat day. 对于过去可以留恋但不可以迷恋。
对学弟学妹说的话:变积极一点,任何时候,对自己的未来和这三年有一个认真的把握,可能这需要一个过程,可是待了一段时间你就应该去尝试计划你的未来。
还有,选择一个社团,一直坚持下去,不论遇到什么问题,如果你选择留在那的话,就要尽自己最大的努力把它弄好。好好学习!但千万不要觉得做活动就会影响学习,权衡在你,如果你真的想兼顾的话,那你就可以做得到。没有什么是不可能的!Impossible is nothing!

音乐才子 李晗

李晗，校园的音乐才子，他看似是因为音乐才不显得那么平庸，但实际并非如此，他有一颗善良、热情和执着的心。他也用这些来诠释和纪念他高中三年的生活。毕业了，让我们祝福他今后的生活学习更加顺利，希望他能够实现他的梦想，也希望他会铭记这段记忆……

《超级90后》：你是校园的一代音乐才子对吧?!
晗：其实那有点太过了(好谦虚啊~)，其实我就是挺喜欢音乐，以前听过好多歌，觉得为什么自己不能写一写，然后就开始写了。

《超级90后》：那你是从什么时候开始写歌的呢？写出来的成果是什么？
晗：大概14岁左右吧!成果就是刚一开始就自己觉得好玩儿，也给别人听过，但打击很大~

《超级90后》：以后准备走音乐的道路么？
晗：呃，还是作为一个兴趣。

《超级90后》：你记得你第一首创作的歌叫什么名字吗？
晗：叫……

《超级90后》：没事，说吧，没有几个人可以创作的——忘了吗？
晗：不是忘了，是太不好说了，呃……不好意思啊，因为这个太屎了(笑)。

《超级90后》：灵感来自哪里？
晗：灵感就是周围看到的一些事发生的一些事，就是朋友跟我诉苦啊，谈心啊，谈着谈着灵感就出来了，而且环境安静就可以了~

《超级90后》：写了几首歌？
晗：二三十首吧!写歌会坚持，但只是作为爱好吧。

《超级90后》：那你有没有想过出专辑留给学校？
晗：这我倒确实……

《超级90后》：你想过要写摇滚，HIP POP类型的歌么？
晗：对，其实我也在想尝试这些东西，因为写多了这种慢歌也不是什么好事~

《超级90后》：有没有什么组乐队之类的想法？
晗：这我还……因为组乐队不是一个人的事，不太好掌握，你要和其他组员协调，而且就是要有音乐的心有灵犀的感觉

《超级90后》：想学什么别的乐器么，比如说架子鼓？
晗：我小时候学的是圆号，考了六级。那个算是启蒙，家长逼着学的，自己一直都不是很喜欢。我一直都很喜欢吉他，所以就学了吉他，然后自己就偷偷地练吉他。

《超级90后》：还偷偷练的是吗？
晗：对，因为肯定不能在家弹。

《超级90后》：那有什么逗的事么？
晗：笑话倒没有，基本上都是惨案了!!!

《超级90后》：对音乐还想说点什么？
晗：就挺感谢音乐的，因为至少音乐让我知道有些事情不是所有人都可以做。觉得自己还不是那么平庸……

《超级90后》：谈谈你们班吧。
晗：我们班特别活跃，我们班男生都特别高特别大，然后年级有什么活动就像什么运动会啊，篮球赛啊，都能拿第一。

《超级90后》：说说你的社团，你都参加过哪些社团？

哈：合唱团，然后电视台，我还当过主播部部长，但是后来觉得重心放得不太对，就逼迫自己把所有的社团都退了！

《超级90后》：那你最喜欢的社团是什么？

哈：合唱团，然后就是电视台，这两个我都是很喜欢的。合唱团在学校演出过一两场。电视台真的是很可惜的。自己也很喜欢电影，然后当时陈逸伦是社长，我们关系也都很好。当时我们一起拍电影。我拍过一个电影《噪音续集》，你们可能还没看过，但是你们最好不要看，因为它太屎了，是一个喜剧。

《超级90后》：说说你的名字，你的外号好像叫普京！

哈：哦，因为，有一个动画片叫《越狱兔》，那是个日本动画，但是背景是前苏联，那里面有一个兔子，胖胖的叫"普京"……其实我没什么外号，基本上都是李晗。

《超级90后》：你以后的计划，人生计划!还有梦想！

哈：我想研究生的时候上一个美国排名比较好的大学，因为现在大学已经定下来了，但是不是很甘心，以后学商吧，音乐肯定不会作为专业来学了。然后梦想就是当个有钱人吧。

《超级90后》：你是个很好学的人！

哈：我是到后来才好学的。

《超级90后》：那你很后悔一开始没有好好学习吗？

哈：那倒不后悔，毕竟我还是干了不少别的事儿，要说后悔就是肥没减下来吧！

《超级90后》：那离开学校你有伤感的事情吗？

哈：嗯，就同学朋友之类的就不知道什么时候能再见了，就挺伤感的，虽然也有考到一起的同学，但是大学见面的机会就应该很少了。

《超级90后》：那你向往大学生活吗？

哈：对，因为我特别喜欢尝试新的东西~

《超级90后》：要走了，想对下届，对下下届的学弟学妹说点什么吗？

哈：嗯，还是珍惜现在吧，包括时间也好，朋友也好，还有回忆也好……

班级偶像

这里是彩虹的国度

一群活蹦乱跳的小子，一群可爱恬静的姑娘，为了同样的梦想聚在这里奋斗、欢笑。跨越了一年，经历了无数的成功与失败，品味了多少的喜悦与辛酸，这堆煤渣已经紧紧抱在了一起，变成一颗闪亮的钻石。

何青青：英语，四川话，韩语（当然还有普通话），现在还在学习粤语！喜欢学习语言 de 何QQ可是语言天才，她的口语也是一级棒，需要翻译的同学一定不要错过她。尊崇生活至上的她，不论如何，一定要按时进三餐，按时睡觉~

王君天：平时不显山不漏水的囧哥在托福中一鸣惊人，让平时只以为他数学牛逼的我们，意识到又一位伟奇（伟大而又奇怪的人）诞生了。

张依伊：工作和学习上都极其认真，二班每一个人基本上都被她催过值日，不过只要和这个看似很严肃的人交流过，就发现其实她的心理年龄在班里是数一数二的小……

赵诗雨：从东北qiu过来的赵哥，以一句"I can't understand all of this"闻名于世~身材魁梧健壮，造型在90后中算绝对的青春可爱，成年后的赵哥更具有了成熟的魅力~给予2班的孩子们父爱一般的关怀。

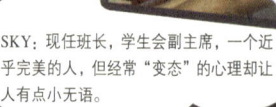

生羿：现任足球队队长，凭着一张花样美男的外表蛊惑了无数少女……和少男的心。（详情请点击 www.xiaonei.com 参考其状态中回复人数最多的几条……）

SKY：现任班长，学生会副主席，一个近乎完美的人，但经常"变态"的心理却让人有点小无语。

彤昕：风风火火、热情善良的狮子座，来自大草原的女生~看过她高一时跳舞的人们都惊讶于时间的流逝人们的变化。

赵雨薇：成功地由于自己的肤色当选了我国中非友谊使者，终生致力于中非友好事业，并且还是个"人格分裂，精神不正常"的csycho。

康宁：大好人，大好人，超级大好人。

战犠集：天津farmer KEEL致力于种植小麦、番茄以及超级杂交水稻的研究研发，视袁隆平为自己的终极偶像，他的志向就是总有一天"养活全中国的老百姓"！ps,因为长期晕机，所以至今仍被各大航空公司列入其黑名单内。

（中）王子璇：现任栖迟女社长。看起来这么文静的女生，怎么一疯起来就这么……癫狂呢？真人不露相，子璇同学可是很有个性的哦~喜欢摇滚的她弹吉它也很棒。2班论舞技她称第二那无人敢称第一。
（左）邹岚：邹山风，邹姐，强人！
（右）刘依依：凭着在《围城》的出色演出，柔嘉姐姐（刘依依）一炮成名，她的"这日子没法过了，咱散伙~"已经成了我们班里非常流行的词语。

陈丽燕：柔弱得像只小燕子，说话细声细气，但其实脑子里全是各种各样新奇的好点子。

美品源：无所不能的羡姐。完美主义者，外号多得不得了。每到栖迟收稿的时候，班里的编辑就会用各种称呼呼唤这位大仙型人物。

张亦钧：学习好，长相好，思想好，俗称的"三好"学生，这也是他个子不高却依然能迷倒千万少女的原因。

（左）冯鹏博（耍王）：二班最嘻哈之人隆重登场。街球、说唱，无所不能，再配上肤色，就是一纽约街头黑人。最可贵的是，在嘻哈的同时，冯同学依然保持着一股学习的热情。

匡宁馨：很安静的一个人，不过如果形势需要她也会变得很有活力！小宇宙爆发！

（右）谢缺：班柱者，班中支柱也。视频制作无敌，与他的恒基白屏王一起，称霸视频界无人能及。幽默、邪恶、最爱经济课。

柳朝成：学习天王、策划天王、起外号天王，全班三分之一的"新"外号出自他"手"，而且一个比一个损。近期开始爆破高音。耶~呦~

伊秋冬：低调的SUNNY，一直用她的光芒温暖着大家。

李青蓝：全世界都知道的大主编~宇宙超级无敌的工作狂，人缘超好，她深信个子与智商成反比的事实。单纯又固执的囧妹、全班同学欺压的对象。

张雪翔：拥有一个神奇的脑袋，貌似柔弱，看似白痴，实则是"天才"，低调的学习大人是也。在学习如此不景气的境况下，依然能糊里糊涂地保持全A，那人品真不是一般的好啊！

上官士达：可爱的丫头，不过不要被她的长相所欺骗哦，她可是腹黑的最终体现，最爱歌曲:《小邂逅》。小邂逅~真呀嘛真邂逅~还有甩葱歌哈~

曹一宁：无所不知无所不晓的"全知道社社长"！

大哥：二班的大哥，平时低调，却能在篮球场上做出匪夷所思的全明星动作；能在写完作文后把老师感动得落泪；能在上课大家都迷惑时却欣然点头；能在关键时刻拯救世界。

高岐涛：栖迟大社长，前任班长，篮球场上的三分射像穿了无数少女的心，戏剧表演中的高校长深入人心。

大哥永远引领着我们前进~！！

陈婉瑜：现任电视台台长，可爱的工作狂人~

张梦娟：注定与钱打交道，手握栖迟与二班的财务命脉，细心、认真的她在学生会宣传部中的表现也很突出。

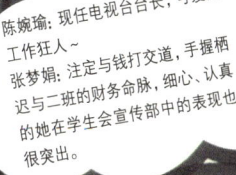

（右二）刘东洋：二班的活宝。刘东洋病了的那周，全班都缺少了欢笑，也缺少了雪村"销魂"的歌声，就连老师也说好像少了点什么。刘东洋写得一手好字，画得一手妙画，在学生会宣传部中表现出色。但是STEVEN最大的亮点还是其在各种单机游戏中相当于开作器者、在网络游戏中堪比GM的优秀表现。

17

我·们班相册

这里是我·们班,是我的家,也是我·们暖暖的回忆的地方。

那么快3年就过了,我们班在一起经历了3年的生活。3年中,我们从陌生人变成了朋友,再变成现在难舍难分的一家人。从"心灵陆"的配合,到模拟奥运会,再到我们的企鹅舞……我还忘不了在班里发生的一切。我们永远都记得从前,回忆我们刚认识的时候。时间过得真的很快,无论我们有多么不想离开,我们都改变不了现实。OH!要记得我们的火锅!非常好吃~还有随后好多天的面食!

前两天,我们像发了疯一样地互相写祝福,真的很感动。也许3年中我们有很多不愉快的事,但我相信我们永远都是好朋友!有些回忆是只属于我们一班的!最后,无论现在你还在不在一班,你都永远属于我们这个集体!希望出国以后,我们还可以常联系、常聊天~

祝大家都幸福快乐!

——爱你们,永远的班花

时间定格在我们最温暖的笑脸,这是圣诞节。不管三年来我们成功了几次、失败了几次;跌倒了几次、爬起来了几次;喜欢过谁,讨厌过谁……那都是特殊又无可取代的记忆,只是属于二班、我们30个人之间的美好记忆。

→ 我世代

我时代，我世代
GENERATION ME

我汲取，我分享，我表达；
"我"们正进入"我"时代；
我就是一切，一切都为我——
我快乐地成为我自己！
我即我所在。
我是超级90后，我是我世代(Generation Me)，
"我"们领秀我的时代！

90后"我"的成长史

POWER ME, I POWER
我·们能成为我·们想成为的人！

NO.1：前"我"(9岁前)

从"哈利·波特"到"火影忍者"——
第一次发现
"世界原来是这样的！"
"原来世界上还有超人！"
我就是这个世界上的超人！
动漫伴我成长路……
这就是在动漫、娱乐和文化偶像的熏陶下成长起来的90后们！

NO.2:有"我"(8-11岁)

从刘翔到周杰伦——
世界有我，亚洲有我，中国有我，我的爸爸妈妈有我！
第一次意识到了"自我"的渴求：我原来有我！

第一次真正从父母爱之翼和童话梦之境中分化出来，开始意识到"自我"的身份、自我的意识，自我建构、自我探索有关我的意识以及我在世界中的身份和位置：
我是谁？我来自哪里？我又要到哪里去？我希望些什么？我又能做些什么？到哪里能找到真正的我？
从此，"我"成了衡量一切的轴心和标准。

NO.3:像我 (11-15岁)

从少女小说到女性玄幻小说——
"这个人物很像我。因此，我希望她得到她想得到的一切，因为如果我是她，在那种情况下，我也想得到同样的东西。"
"我"们在主人公的内心深处，发现了某种共同的人性以及自己内心隐秘的渴望和梦想："'我'们是'我'们自己的观察家——'我'们高傲地观察自己的一切思考和追求，做什么和不做什么。"
这种"像我"的阅读期待，毫无疑问地将贯穿"我"们的一生，在潜意识地主导"我"们对一部作品的认同或拒斥。
但是，在90后那里："像我"第一次成了"阅读宪法"，它对我·们的影响是一辈子！

NO.4 我能？(15-18岁)A

从"超女"到新哈佛女孩——
第一次产生了"我能"的自我意识、自信与困惑的冲突；就是这种"这是第一次"的突然意识和行动，从此形成了"我"们和自我的第一圈核心冲突：我和我自己的冲突！
"我"们第一次知道："我"们最大的敌人往往是"我"们自己！
"我"们第一次意识到自身内在自觉的和不自觉的欲望。

★"我"们第一次意识到"我"们的欲望追求和"我"们的性格所产生的冲突。

★"我"们第一次意识到:当"我"们采取行动时,"我"们的头脑不会以"我"们所预见的方式来反应;"我"们的思想也不会如"我"们所期望的那样敏捷机智和深谋远虑;"我"们的身体也可能不会如"我"们所想象的那样作出反应……

★"我"们第一次知道情绪会如何背叛"我"们;

★"我"们第一次知道一个人在世界中最近的对抗力量圈就是我自己:情感、情绪、头脑和身体……这一切的一切,从此一时到彼一时,都可能会也可能不会以"我"们所期望的方式作出反应。

"我和我自己的冲突"是人一生中各个冲突中最核心也是最内在的层面:一个人的自我以及其与生俱来的要素——脑、身体、情绪——在青春期第一次产生了极其尖锐的冲突,尖锐得突然让"我"们"第一次"意识到并且感觉到青春病毒似的迷惘,以及一种灵魂和肉体撕裂般的疼痛。

NO.5 我能!(15-18岁)B

从校园偶像到"超级90后"——
"我"们第一次形成了"我"们和身边最亲密的个人的第二圈冲突:我和你的冲突。

"我"们第一次知道:我最爱的人伤害我最深!比起社会生活或社会其他角色带给"我"们的反应来说,最直接、最深刻甚至是最震撼的反应往往来自于那些比社会角色更深沉的亲密联盟——那些和我亲密接触的"你":老师、家长、朋友、恋人……

这种反应甚至带来了诸多复杂的矛盾体验:亲密/伤害、拒绝/接纳、忠诚/背叛、责任/逃避……小时候只会存在故事里的人生经历,第一次让"我"们亲身体验到了。

它让"我"们第一次站在这分裂的十字路口,"我"们将会用一生在这个分野处挣扎:自我是他人的馈赠(巴赫金)?抑或,他人是自我的地狱(从马克思到萨特)?

NO.6 我·们(18-22岁)

从"我"到"我·们"——
十八岁,"我"们出门远行!
第一次从"我"走向"我"们,
从"一个人"走向"一代人"!
"我"们第一次走向了"个人-外界冲突层面":我和"他"的冲突——这是超出个人之外的所有对抗力量源,包括:

与个体的冲突:室友、老师、员工、同学、兼职老板;

与社会机构的冲突:系、学员、学校机构、外面的公司;

与人为环境和自然环境的冲突:时间、空间及其中的每一个物体;

在这种冲突中,"我"们第一次面临"我-你-他"的悖论:我看云很近/我看你很远。

"我"们第一次面临"双重态度":爱你,还是恨你。

"我"们第一次纠缠于"人际关系":"同意"让双方走近;"反对"使双方疏远;"冷漠"却让双方处于近也近不得,离也离不了的"争执"或粘着状态。

"我"们第一次直面"为了怕被拒绝,所以先拒绝"的情感困境:是的/为了避免结束/你避免一切开始。

于是,"我"们爱得不深刻,但是希望看到深刻的爱;

"我"们爱得浅尝辄止,但期待看到爱得一往情深;

"我"们不敢相处,但"我"们渴望相爱……
正是如此,"我"们开始思考,并且逐渐形成"我的哲学":我的青春哲学和这一代人的青春哲学。

NO.7 我 ing (23岁后)

从"我·们"到"我们"——
走出校园门,走进职场地,在3个月到3年的转型时间里;
"我"们将第一次懂得:"我"们是一只蜘蛛。
独乐乐,还是众乐乐?
坚持自我,还是为他人改变?
这是一个问题!
让"我"们生存,或是毁灭!

我·们的梦想……

与你分享

我的梦想是……
给自己的好朋友拍一部电影。
陈婷

未来构想图：好好努力，大家一起为了梦想加油！
属于自己的颜色：粉色，粉色给人一种温暖的感觉，而且有一点孩子气，比较符合我自己的性格吧。
我不要哆啦A梦：靠自己双手获得的东西才是自己想要的！

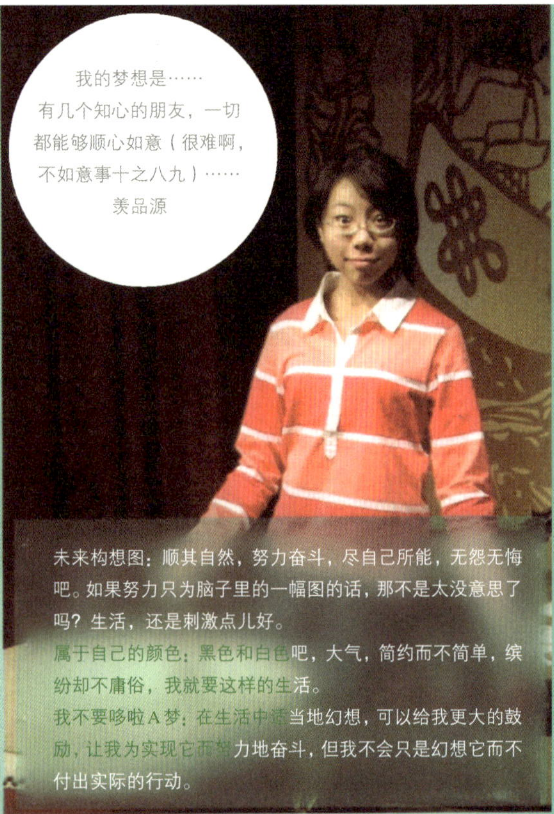

我的梦想是……
有几个知心的朋友，一切都能够顺心如意（很难啊，不如意事十之八九）……
羡品源

未来构想图：顺其自然，努力奋斗，尽自己所能，无怨无悔吧。如果努力只为脑子里的一幅图的话，那不是太没意思了吗？生活，还是刺激点儿好。
属于自己的颜色：黑色和白色吧，大气，简约而不简单，缤纷却不庸俗，我就要这样的生活。
我不要哆啦A梦：在生活中适当地幻想，可以给我更大的鼓励，让我为实现它而努力地奋斗，但我不会只是幻想它而不付出实际的行动。

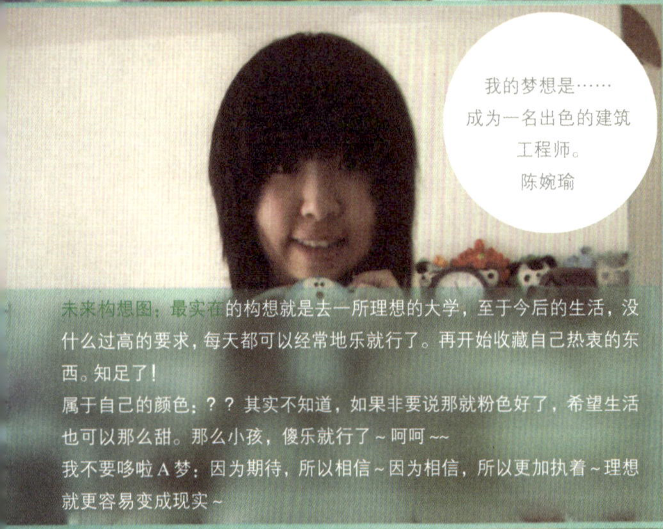

我的梦想是……
成为一名出色的建筑工程师。
陈婉瑜

未来构想图：最实在的构想就是去一所理想的大学，至于今后的生活，没什么过高的要求，每天都可以经常地乐就行了。再开始收藏自己热衷的东西。知足了！
属于自己的颜色：？？其实不知道，如果非要说那就粉色好了，希望生活也可以那么甜。那么小孩，傻乐就行了~呵呵~~
我不要哆啦A梦：因为期待，所以相信~因为相信，所以更加执着~理想就更容易变成现实~

我的梦想是……
打造中国的黑石
冯鹏博
视Hip-pop为一种信仰，一种生活的态度

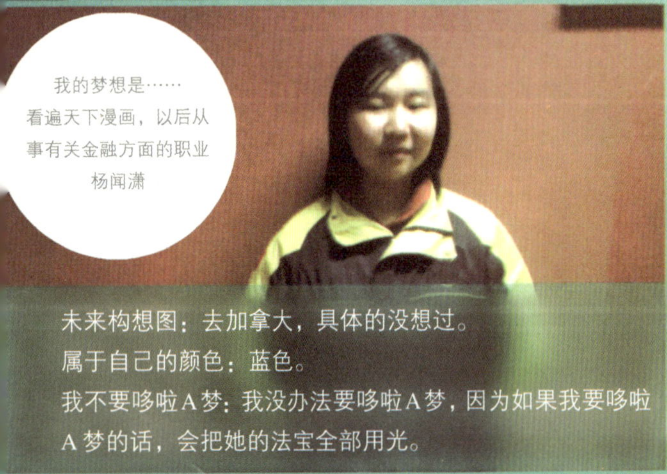

我的梦想是……
看遍天下漫画，以后从事有关金融方面的职业
杨闻潇

未来构想图：去加拿大，具体的没想过。
属于自己的颜色：蓝色。
我不要哆啦A梦：我没办法要哆啦A梦，因为如果我要哆啦A梦的话，会把她的法宝全部用光。

未来构想图：在键盘上敲几下，账户就能多出钱来那种。风险越大越喜欢。
属于自己的颜色：黄色
我不要哆啦A梦：人活着就要奋斗，不管为了什么，自己开心就行。

我·们的未来……
一起展望

未来构想图：成为一个杰出的商人，拥有属于自己的事业，跟朋友们在一起，活出自己的风格，完善自我，成就社会。古人云"穷则独善其身，达则兼济天下"嘛！
属于自己的颜色：紫金，紫金是湖人的颜色，也代表了胜利和激情。
我不要哆啦A梦：自己的努力换来的成就才是值得骄傲的，站在巨人身上摘到的苹果，吃到嘴里也是不甜的。

我的梦想是……
成为一个杰出的人，每天能都坐在Steps中心看科比打球。
王楚棠

我的梦想是……
过得舒服就好～
翟冠华

未来构想图：每天做自己想做的事，这就是我最理想的生活状态。
属于自己的颜色：五颜六色，这样才能更精彩。就如我所希望的生活一样。
我不要哆啦A梦：为什么不要哆啦A梦？我就想要！哈哈～

未来构想图：先把高中的学业完成，多参加些活动，全面发展自己。目前想得也不是很远，先踏踏实实地把脚下的每步路都走好，以后再慢慢考虑。
属于自己的颜色：火红色，代表着激情与成功。我不喜欢平平淡淡的生活，希望生活和火红色一样精彩。
我不要哆啦A梦：能有一个哆啦A梦是很好，不过如果真的想要什么就能变成什么的话，那成功还有什么可贵呢？我希望靠自己的努力来获取成功。

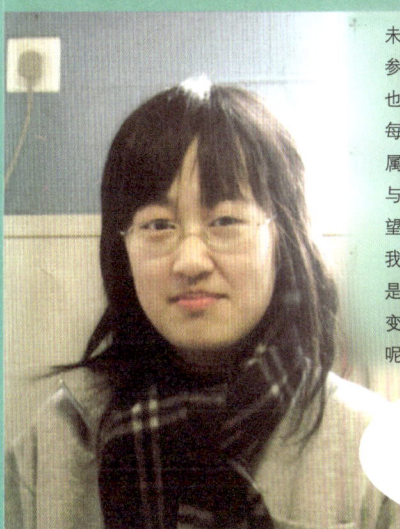

我的梦想是……
当一个政治家或律师
莎雷娜

我的梦想是……
能够安静地生活
王凡之

未来构想图：未来的我拥有一个很大的湖，在湖的中央是我的别墅，我和家人一起在那里过着安逸舒适的生活。
属于自己的颜色：我喜欢蓝色，因为那代表自由。
我不要哆啦A梦：我不要哆啦A梦，因为我要靠自己的努力，不依赖别人，创造一个属于自己的哆啦A梦。

未来构想图：我希望能为所有的人设计服装。我设计的衣服每个款式每个尺码都只有一件。这样，一件衣服就像是有了生命，它的存在有了更大的意义，能够带给人们自信、快乐和幸福的感觉。
属于自己的颜色：白色和黄色。白色是雪的颜色，晶莹洁白，很梦幻，充满幻想；黄色是阳光的颜色，充满了幸福和温暖。希望我的生活就是这样。
我不要哆啦A梦：我要靠自己的努力去完成梦想，这样，当梦想实现的时候感觉一定很棒。

我的梦想是……
成为一名世界知名的服装设计师！
高韵迪

NO.2 我在说

激扬文字
我·们思维尖锐
我·们眼
我·们

We are talking.

我·们不需要任何标签

留下我们青春的念想。

每天，这世界上发生着无数大大小小的事情。什么映入我们的眼帘，什么让我们不断思考？

这个转动的球体让我们看见了什么，我们又如何评说一切进行着的种种？以思想为长久的印记，留下我们青春的念想。即便不是最成熟完美的回答，我们在说着，思绪与言语同时澎湃。

评点世事

光辽阔

也在说！

见了什么，我们又如何

以思想为长久的印记

只是说出自己所想

使不是最成熟完美的

言语同时澎湃。

政治　　　　新闻
　社科　现象
　　　　　　生活
　文化
　　　　　资讯
　　艺术
　　　　社会　文学

指点江山，
激扬文字，
看90后，
我在说

看天下

2012来临，
你准备好了么？

美洲古老的玛雅人曾有过非常灿烂的文明。玛雅人的历法非常神奇,预言也极为玄秘。玛雅人认为我们人类正在经历着一个历时五千多年的星系更新,时间是从公元前3113年起到公元2012年止。其中每二十年又是一个小周期,从1992年到2012年这二十年是本次太阳纪的最后一个周期,又被叫做"地球更新期",其间一切都将面临净化和更新,然后人类就将进入新纪元。

近年来,全球不少国家接连发生地震,从海地到智利,再到中国台湾和土耳其……这使得网上有关"世界末日真的要来了吗"之类的讨论越来越火热。有网友调侃:"地球如同手机一般,被调整到了'震动模式',并将于2012年关机。"

在西方,确实有不少人相信"2012年世界末日说"。甚至有些人开启了与此相关的网站和网上商城,出售淡水净化器、防毒面罩等应对灾难的物品。

美国还出现了"有备族",他们开始有计划地储备罐头食品、应急毛毯、碘酒,甚至还有军用的止血贴,并对孩子进行紧急避险的训练。"全美有备族网站"每天大约有5000人点击。甚至有一些美国人在非洲挑选了一些地势较高的地方,买地建屋,为2012年准备一处避难所。俄罗斯伏尔加河地区的岛里扬诺夫斯克州政府前不久通过一项5年期的规划,计划建造一种被称为"飞碟"的巨型航空器。这种可以垂直起降、载重量达6000吨航天器,据说在灾难时能成为《2012》中的"诺亚方舟"。

而在地震多发国墨西哥,当局正在切切实实地加强应对灾难的能力。墨西哥城市长马塞洛·埃布拉德宣布,市政府将在近期组织大规模民防演习,还将对医院、学校、运输部门、政府机构大楼进行检查,并测试全市的警报系统,摸底战略物资储备情况。

全世界的人们都有所行动了，如果世界末日真的来临，90后们会怎么做呢？

于嘉文：首先，吃顿早饭。然后，给我那是男是女都不知道的"女朋友"发条短信。接着，上一下魔兽世界，给所有朋友发一条"我爱你们"。下线。最后，自杀。我不想看见世界末日。

陈钰竹：先把冰箱吃空，再把超市吃空，最后去五星级酒店吃霸王餐。

陈一舒：喝茶吃点心看书……给重要的人打电话。

Mr. Hu：If today is the last day, I will give you triple assignments.

胡明晊：和平常一样。抱着对待生活的激情去对待每一天。

问题：
1. 你相信2012是世界末日吗？
2. 你认为造成世界末日的主要原因是什么？
3. 假如三年后世界就毁灭的话，你最想完成什么事？最想和谁一起度过？
4. 你觉得像《2012》这种电影会给人们心理造成压力和恐慌么？

我们脑海中的 2012~~

王梦媛
1. 不相信，因为我还没有结婚。
2. 人类滥用资源，导致环境恶化。
3. 没有想过，应该平平常常地像现在一样生活，直到那天的到来吧。
4. 不会，因为灾难片很多，如果每个都相信，就没有生活的勇气了。

许芮嘉
1. 不相信，2012年离我们太近了，如果世界真的会毁灭的话，应该在下个世纪吧。
2. 地球的毁灭是因为人们都疯了吧。
3. 如果真的有世界末日，那么我想和妈妈在一起度过。
   在此之前，要先和老公生一个小孩。
4. 会，因为它把世界末日以真实的画面展示给了我们，电影情节太过逼真。

张今
1. 不相信，因为我还没成年呢，不想这么早就死。
2. 水太多了吧。
3. 上美国的前100大学。
4. 会，因为离我们其实已经很近了。

戚丁元
1. 我相信，因为我是玛雅的后人。
2. 我想世界的毁灭是因为太阳黑子的突然爆发。
3. 我要和我喜欢的人一起爬到珠穆朗玛峰的顶端（因为那样就可以不用死了）。
4. 会，因为大家都害怕在珠穆朗玛峰上等不到飞船。

林娟
1. 我相信，因为是有科学证据的。
2. 是外星人想让地球毁灭，所以地球才会毁灭吧。
3. 世界末日时，我想和我妹妹在一起。那天，我会做平时自己做不到的事情，比如：蹦极。
4. 不会，因为2012中国是安全地点。

吴越
1. 不相信，如果是真的，那么政府就真的会像电影中所展现的那样吧，偷偷地造方舟，那么这个电影就不会同意被播放了。
2. 我觉得，人类对环境的破坏是造成世界末日的主要原因吧。
3. 自己一个人环球旅行。
4. 会吧，因为已经有很多人有压力和恐慌了。

身边事

90后为什么流行"囧"

Q: 现在网络上"囧"、"槑"等生僻字十分流行,大家已经习惯在看到搞怪的事情时大声叫出"雷死我了!",每每碰到让人尴尬的东西时用手指比比两条下垂的眉毛,说句"我囧"……在你看来,这样的流行语的广泛使用是浮躁的表现,还是只是另一种更加生动形象的表达方法?

徐睿:我觉得没有浮不浮躁的问题,只是一种新的表达方式而已。有旧的就有新的。很自然。不过就我来说我有点不习惯。

朱凝:我觉得现在的表达方式好。这种词出现在网络。网络本身就很新奇,是年轻人的聚集体。理所当然就是新新产物的产出地。这样的新词可以更加方便地表达人的感情。

链接——网络流行生僻字解析

囧 jiong
(1)原义:形容词,光明。象形字。象窗口通明。一说"囧"通"炯",而"囧囧"同"炯炯"。
(2)网义:郁闷、悲伤、无奈、无语等等,指处境困迫,喻尴尬,为难。具体请参照字型,并去领悟。

嫑 biao(方言)
不要。如:嫑着急。农谚:"天旱~望坑塔云。女穷~望娘家人。"和"甭"有异曲同工之妙处,是滇东罗平一带的方言。读音就是把"不要"给缩起来读 bu yao=biao。

靐 bing
(1)[靐靐]雷声。
(2)网络解释:三个"雷"叠在一起,指太雷了。晴空霹雳雷,用法同"雷"。在网络语言里,"雷"是指看到某些事物,脑子里忽然"轰"地一声,感觉像被雷电过一样。"靐到!就好像被三个响雷同时劈到。堪称雷的最高境界。"如,我今天被芙蓉姐姐再一次靐到了。

槑 mei
"槑"由两个"呆"组成,被网语用来形容人很呆、很傻、很天真。"槑"是中文"梅"的异体字

中学生能不能用奢侈品？

Q1、请问，对于你来说，哪些属于奢侈品？

杜雪：最俗的就是什么LV、Hermes，就像时尚品之类的服饰、首饰之类的，还有就是现在的时尚品中的潮流品。对于我来说，生活中的奢侈品就是当我最近特别苦的时候，睡上两天也是一种奢侈品，或者一直跟同学狂打DOTA也算是一种奢侈品。

王卓：钱包、包、手表、潮牌、内裤，还有鞋带、项链、耳钉、化妆品、戒指、手环，也就差不多这些东西了。我觉得购买奢侈品有的时候是一种对生活的追求，还有就是对自己自信心的一种培养。而且我觉得咱们学校的同学的家庭条件都挺好的，无论是家中的父母还是自己周围的人，奢侈品都是随欲可见的。我觉得大部分人的购买欲可能会随着自己的年龄一点点增长。

何禾：生活中的奢侈品就是包和首饰还有衣服。或者当你放弃了一份很重要的工作去休假时，这个休假就是一种奢侈品。

张今：就是一些价位比较高的、相对来说性价比比较低的东西。某种东西其实没有值那么多钱，但是因为牌子的问题，就会比较贵。例如包、项链什么的。精神上的话，友情亲情都算是种奢侈品。

冯嘉儒：我觉得手机、MP3之类的电子产品和生活需要以外的就是奢侈品。比如，我已经有了一个手机，而再买一个的话，那就是奢侈品。

施至柔：如果买一个小东西的话，其实有很多属于奢侈品的小东西还是很好看的。有的人看中奢侈品的样子，有的人看重奢侈品的牌子。穷人买的全都是经典款，有钱人买的全都是变形款。

丁子冲：我觉得校服是奢侈品。还有就是名表、名车，像兰博基尼。

崔仁杰：我觉得学校使用的都是奢侈品，还有就是名牌和香水。精神上我觉得睡眠是奢侈品。

高天一：超出我们消费范围的一些东西。比如说车、首饰、南非真钻耳钉啦。我觉得在生活中女朋友是奢侈品。

王冠玉：我觉得对于精神上来说的"奢侈品"只是一种奢望，不能算作奢侈品吧，我觉得奢侈品应该是物质上的。就比如说一个破包看上去也就值那么点钱，但是一卖就有上千上万的那种。我觉得特别不值的东西就是奢侈品。

Q2、奢侈品是不可缺少的吗？

杜雪：我觉得因为得到的可能会比较少，这样的机会也不多。而且，就像精神上的奢侈品，比如睡上两天，这种奢侈品是最不易得到的。其实奢侈品就是因为你越得不到，你就越想要。而且，得到了以后，还会想要更多的奢侈品。所以我觉得这一类的都算是奢侈品。就是各种方面，不仅是潮流、生活，还有精神方面需要的奢侈品。

王卓：这不一定，要分人。因为，对某些人来说，他一旦了解或者接触到奢侈品时，他对奢侈品的购买欲可能会越来越强。而有一些人可能以前对奢侈品的接触就不是很多，他可能觉得这些钱也可以投入到另一些方面，比如说跳舞啊、唱歌之类的。

何禾：我觉得奢侈品的定义是没有那么容易得到的东西，就是在得到它之前你会有一些付出。另外，在得到它之前你会想，到底要不要付出一些东西来得到它？

张今：我觉得如果有些人的生活水平达到一定程度的话，却一样奢侈品都没有，那是不太可能的。还是需要根据自己家庭定吧，奢侈品这种东西差不多大家都喜欢，但有些人不一定对它的追求欲望特强。

冯嘉儒：我觉得奢侈品对我来说是一种娱乐吧。有的时候为了娱乐什么的弄一下奢侈品，奢侈品的好处就是心理上的安慰吧。

施至柔：我觉得偶尔用一些奢侈品也是无所谓的。因为小的时候可能买个墨镜，或者买个小包，就是不要太夸张了就行。不能全身上下都是，不能让别人觉得你是那种特别没文化的暴发户一样，不知道搭配着穿。

丁子冲：在我的生活中有一小件奢侈品的话，我就会觉得很舒服。

高天一：我觉得女朋友这种奢侈品，好找，但是不好伺候。像车和首饰这种奢侈品大大地超出了我的消费范围，如果人生要过得充实和幸福的话，有一些奢侈品也是很爽的。

崔人杰：不是。

王冠玉：不是不可缺少的，绝对不会是。我是反奢侈品主义者。

Q3、你是怎样看待现在的高中生使用奢侈品的?

1、**杜雪**：这个对于每个人不一样，所以你没有办法去衡定别人来用这个东西是否对与错，或者说判定这个东西是否是奢侈品这类的。如果你想用，有能力买，自己又喜欢，而且你觉得值的话，那就值。这与其他人怎么看你其实无所谓，反正这只是身外之物嘛。

2、**王卓**：我觉得我们应该量力而行，根据自己年龄的需要，而不要给外面的人很大压力或者是很炫耀的感觉。就像现在社会上有很多工薪阶层，还有很多白领，如果他们看到咱们这么大的学生就对奢侈品的追求那么高的话，可能压力就会很大。而且这样对父母的压力和对自己以后的压力也很大。

3、**何禾**：我觉得小孩用奢侈品本来就不对，要是用的话，最好不要买标志太明显的，否则就会特别装，虽然说我也有些标志特别明显的（当时的何禾边说着边偷偷地亮起了挂在屁股后面的精致LV的小钱包）。小孩要用的话，就用那种品质特别好的，实用性特别强的。但是不要有大明显的炫耀的感觉，要低调一点。

4、**张今**：我身边的人的家里也不困难，基本都可以达到用奢侈品的生活水平，但家长也不是强烈支持地去买，所以对我来说挺无所谓的。只要你不在我面前跟我炫耀就行。

5、**冯嘉儒**：如果大家都用奢侈品的话，跟家庭环境有关系吧。但是对于学生来说，这对我们有一些不太好的影响。

6、**施至柔**：我觉得奢侈品对我们学生来说颜色太重了，不太适合我们，思想太重，太老气了。在咱们这个年龄使用奢侈品是不好的!如果作为调剂一下生活的话，就还好。

7、**丁子冲**：没看法，人家有钱关我啥事。人家有钱人家愿意，人家爽啊，对我无所谓。反正人家父母愿意给他这样买。

8、**崔仁杰**：挺鄙视的。因为喜欢奢侈品不一定要穿，只要自己喜欢就行了，不一定要随身挂着、拿着。如果用父母的钱来买奢侈品的话就更鄙视了。

9、**高天一**：我觉得可以啊，钱都是父母的，有钱就多花点，没钱就少花点。但也不是花父母的钱就随便。因为买奢侈品有一个度，这是用道德标准来衡量的。我非常反对高中生随便乱花钱来买奢侈品，因为钱都是父母的，等以后自己赚钱的时候再买自己想买的。但是我觉得过度的节约就是浪费。如果手头有富裕，家里有这个条件，自己又非常想要的话，也可以买一买。但如果在金钱拮据的情况下还是大量地购买奢侈品的话，就有些超出中学生的道德准则的范围了。

10、**王冠裕**：其实这个问题问得很犀利，也很得罪人。高中生用奢侈品不好。如果他们有人愿意用奢侈品我没什么意见，但是我不会用很多。

Q4、你拥有的你所认为的奢侈品在你的生活常用物品中所占的比例是多少?

1、**杜雪**：包括我睡觉的那些精神上的东西吗?要是包括的话，也就10%到20%。其实物质上的还好哦，主要缺乏的是精神上的。

2、**王卓**：加上精神上的和物质上的话有20%到30%吧，大约的一个比例。

3、**何禾**：那看你要怎么定义奢侈品啦。对我自己来说，你猜?（当时的何禾挺激动的，你猜你猜你猜你猜?）

4、**张今**：我觉得如果包括友情、亲情的话，奢侈品在我的生活中还是占很多的。大概40%到50%。（回答得好顺利!!!哈哈……）

5、**冯嘉儒**：30%到40%吧，但也没有很多。

6、**施至柔**：5%到10%吧。

7、**丁子冲**：5%吧。

8、**崔仁杰**：YY占50%，因为我一天都基本在遐(瞎)想。

9、**高天一**：10%。

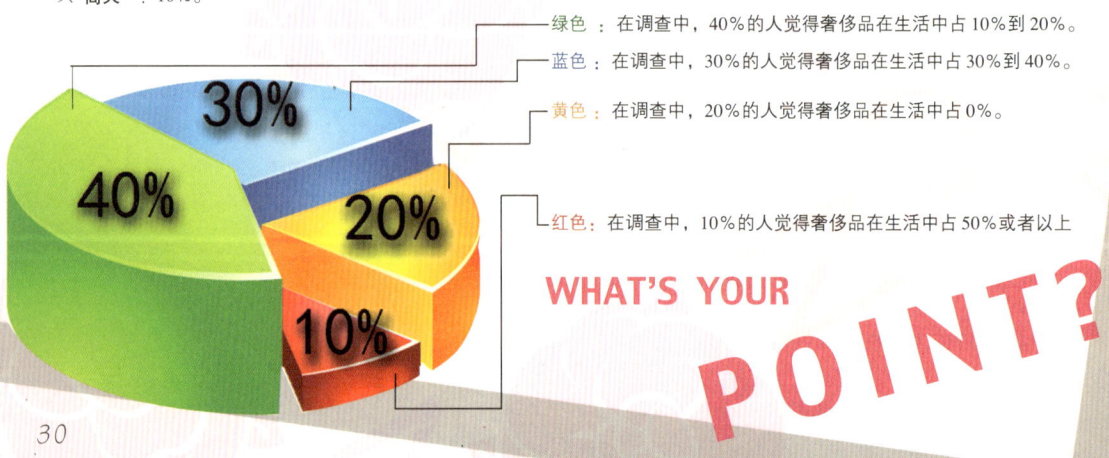

绿色：在调查中，40%的人觉得奢侈品在生活中占10%到20%。
蓝色：在调查中，30%的人觉得奢侈品在生活中占30%到40%。
黄色：在调查中，20%的人觉得奢侈品在生活中占0%。
红色：在调查中，10%的人觉得奢侈品在生活中占50%或者以上

WHAT'S YOUR POINT?

> 我·们都说

Happy 快乐有我，快乐巨献

有些人说，快乐就是能天天睡懒觉
有些人说，快乐就是看到身边的人都幸福
还有些人说，快乐根本不需要理由
每个人都需要快乐，快乐地过好每一天比什么都重要
其实快乐很简单，触手可及，就看你愿意不愿意打开自己的心灵
让阳光照耀你的心房
世界在不同的人眼中是不同的颜色，是快乐把它拼凑成了一道绚丽的彩虹
快乐才是生活最终的意义，快乐使人变得简单而美好
快乐由我们自己主宰，没什么事情是大不了的，请抬起头，尽情感受属于你的快乐。
"我在说" ——我·们要快乐！！

NO.3 青春影像

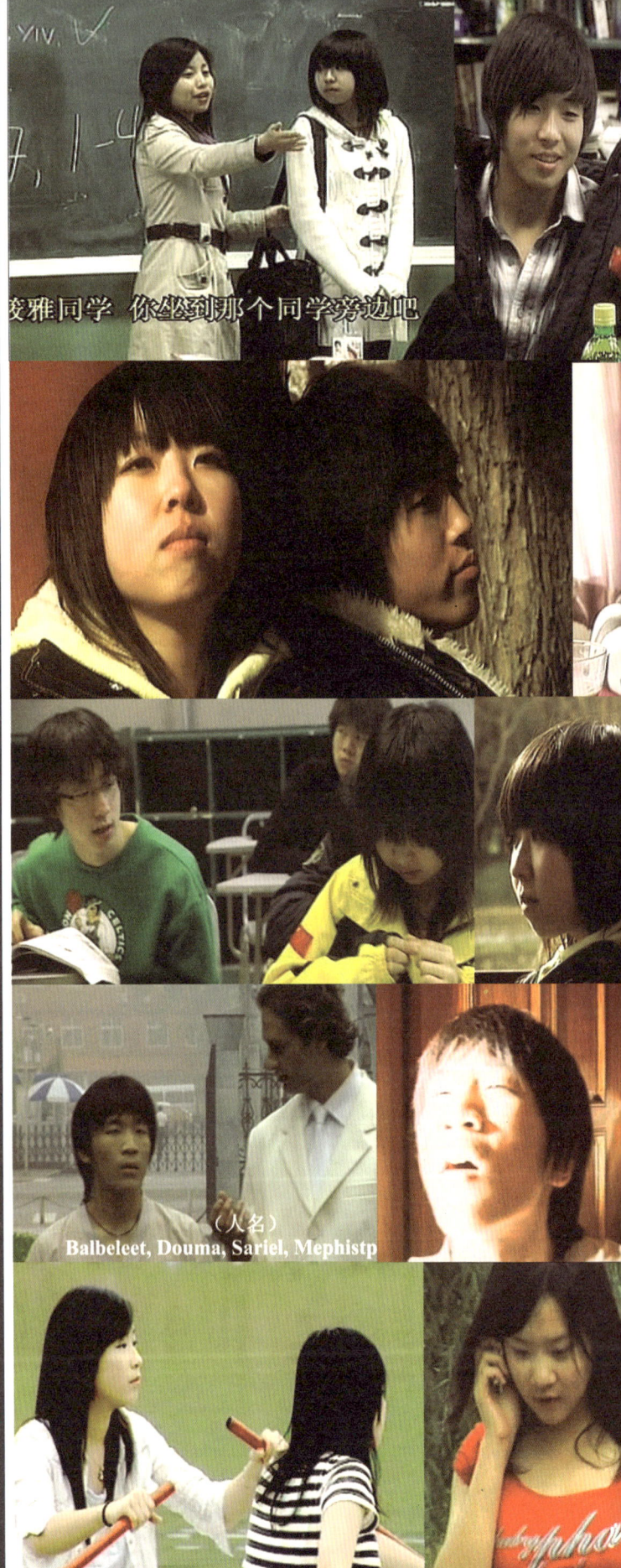

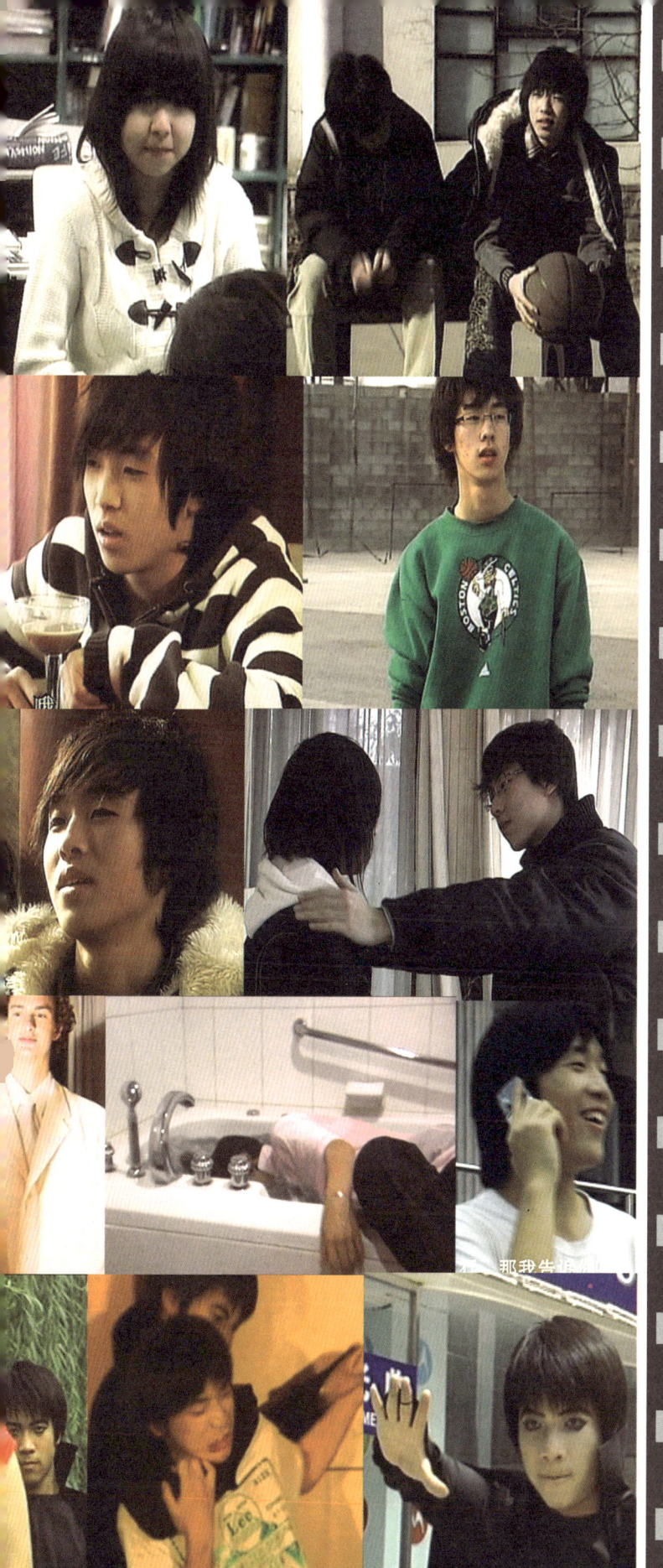

每个人都是自己生活的导演!
我的青春 我来演。

→ 青春电影

高中生电影 四部曲

在这个转型和变革的大时代里,媒体、学校、家庭以及社会,都在聚焦被称为"我时代、我世代"的90后所暴露出来的一些问题:在GPA前的集体迷失,现代公民的独立精神缺失,扭曲的爱情观……在这种质疑和反思中,他们中的一些"青年先锋"却用文、图和影像混合方式,捕捉他们同龄人的青春潮流和思想情报,并且思考一些有关他们自身、社会、国家与人生的严肃问题:我们距离世界一流到底有多远?90后的价值取向又是什么?人的一生究竟应该怎样过?我们如何奋斗才能青春无悔?

《生死界限》

导演:陈逸伦(男,16岁)
故事有一定的神话色彩,讲述了一个中学生受到从上天下来的"恶魔"的引诱,挣扎于"善"与"恶"之间,在生活上、精神上的一次"生死"历程。

《第十七个夏天》

导演:杨扬(女,17岁)、牛杰(女,17岁)

十七岁的女孩们:自我主义的方雯颖、"乖乖女"简若言以及完美高傲的林紫黛——她们拥有极度个性却又默契地组成了"铁三角"。一次偶然的机会,她们来到了梦想中的电影夏令营。就在她们以为自己已经离目标越来越近的时候,其实一切才刚刚开始……

《殇》

导演:古今(男,17岁)
电影以一个微型小说为蓝本,讲的是一对恋人"摩托爱情"的故事。"殇",表达的既是对生命的伤逝,也是爱情的感伤,但是,爱情从未随着生命的消失而消失。

导演：陈逸伦（男，16岁）

这是一部中学生励志电影，主要讲述了17岁的男主人公世豪在一次无意之间进入了自己所观看的一部电影里，并以男主人公的形象出现于其中。在电影中，世豪与好友忠伟开始了一段疯狂的经历。父母因工作原因离开了家，出差外地，只留下两个孩子和两千元钱。在这个为期一月的"自由"之中，两人疯狂地挥霍自己手中的钱财。仅一个星期的时间，两千块钱便所剩无几了……

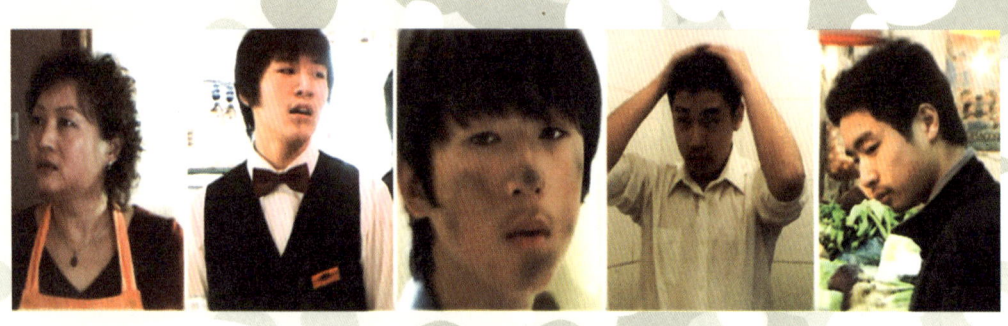

幸福的路上（剧本）

[第一场，日内，回家路上、电梯、家里；世豪、豪妈、哥哥；一堆光盘、《生活在原处》盘盒、《生活在原处》开头录像、酱油瓶、水果盘]

（世豪从小区走回楼，进出电梯，到了家门口。他穿着嘻哈，赶紧摘掉身上饰物，随开门，音乐渐弱）

世豪：妈，我回来了

妈妈：买瓶酱油花了两个小时？！是不是又去买光盘了？

世豪：我都放寒假了，还不能轻松轻松啊？！

妈妈：你都高二了，快预考了，还费心思跟我这儿找理由。快！回屋看书去。

世豪：看书，看书，你就知道让我看书。

妈妈：（世豪此时回到了屋里）这孩子……

（屋中，世豪的哥哥正躺在世豪床上）

世豪：又在我床上睡觉（顺手去拍）……起来，起来，你自己没床啊。

哥哥：（醒过来）回来啦，世豪，又买什么新片了？（世豪将手中的塑料袋扔到了床上）

世豪：妈真烦，就知道让我学习，看片怎么了？真是的。

哥哥：抱怨啥啊，还不是为了你好，我看看都有什么（开始翻着光盘，停到了一张电影上面），《生活在原处》，这片你看了吗？我觉得你肯定喜欢。

世豪：没，讲什么的？

哥哥：就是你向往的生活呗。一个高中生爸妈出差国外一个月，他和朋友两个人在家里生活，后来又出去打工。两人这一个月里艰苦地生活着。最后啊，他们终于明白了家庭的温暖，工作的艰辛……既幽默又感人。哦，对，你知道吗？他家有几柜子的模拟小鞋，巨壮观，还有一只大海龟，还有……

世豪：哇！能和哥们一起工作生活，多爽啊，想干什么就干什么，无拘无束，要我是男主角早就乐疯了！咳，他们不懂，找工作还不容易，像光盘店，老招聘，还愁没工作。还有像咖啡厅，擦擦杯子多容易啊，要我说他们就是傻，社会上混口饭吃还不简单。

哥哥：行啦！异想天开，你呀，真有机会让

你体验体验就知道那有多难了。行了,别做梦了,写你的作业吧……借我这俩片看看。

世豪:成,拿吧,别又给我磨坏了,上次那盘都划成什么样了,真是。

哥哥:行了,贫啥呀。

(哥哥走出了房间,留下弟弟一人在房内。弟弟翻着书,心不在焉。接着他拿过那张电影,放进了DVD机,电影开始。此时妈妈走入了房间,世豪赶紧关上电视,DVD机仍在运行,钻到桌前)

妈妈:儿子,来,吃点水果,补充维生素,加强记忆力,然后再看书。

世豪:好好好,我看,我吃,我学……

妈妈:你呀,(用手点一下世豪的头)真是身在福中不知福啊,你知道多少孩子都吃不起水果,上不起学啊。

世豪:行了,我这不学了吗。

妈妈:好,乖儿子,妈不打扰你了,好好学。(妈妈转身离开了)

(世豪看着妈妈离开,又回到床上打开电视开始看起电影,已到了二次电影中男主人公父母离去时的样子)

世豪:哎,我要是能像里面那个主角一样该多好。

(电影镜头停滞不前了,世豪上前调了半天,没有反应,于是走过去检查电视;在无意中他发现自己的胳膊进了电视。惊讶与好奇下,他再次伸手过去,这回他被吸进了电影里)

哥哥:(走进房间)喂,老弟,你那张《洛奇》放不了……(房间里空无一人)嘿,这小子就不能安分点?又跑哪儿去了?(随即关上了门)

[第二场,日内,彭川家里;世豪、忠伟;海龟、几柜子鞋]

(世豪进入了电影,一下趴在客厅的地上,眼镜掉到鱼缸里,一抬头看到了传说中的海龟,惊讶。此时忠伟进入房间,世豪蹲在地上找眼镜)

世豪:找到了(把眼镜戴上)

忠伟:彭川,你怎么不锁门呀?

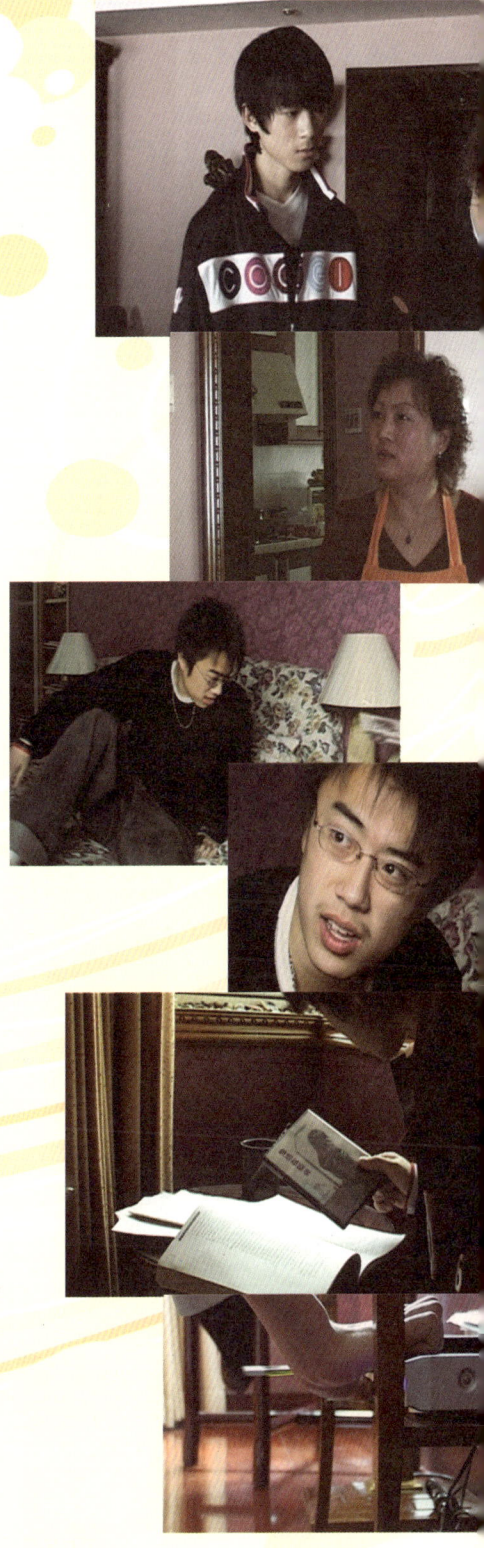

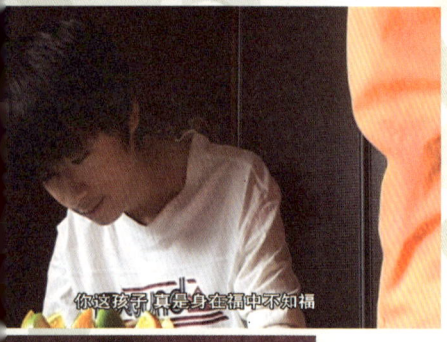

世豪：你是谁呀？彭川？！

忠伟：装，你别跟我装了，我是谁你能忘了么？

世豪：谁装了？……我就是不知道你是谁，洗手间在哪儿？

忠伟：那儿啊，你傻了。行了，不玩了，你们家还有喝的么？（忠伟走进厨房，世豪莫名其妙地下来，找到厕所洗脸）

忠伟：（边找东西边说）噢，对，其实我跟你妈撒了个谎，我爸妈都不在，哈哈，不过咱俩可以想干什么就干什么，没人管喽！

（世豪照镜子，发现镜子中的脸是彭川的脸，大叫）

忠伟：爸妈不在家你也不至于这么激动吧，不过，啊，爽！

（忠伟跟世豪一起大叫）

（世豪关上厕所门，在里面大叫）

忠伟：哇，太激动了吧，不至于啊，哥们，出来。

（世豪打开门）

世豪：我是谁？

忠伟：什么你是谁，又装。

世豪：我问你呢！我是谁？

忠伟：你是川啊。（装出很严肃的样子）那么我又是谁？

（世豪又关上了门，继续叫）

忠伟：（摇头）这孩子在家憋坏了。

（镜头交叉至忠伟已倒在沙发上看着电视，世豪从厕所中出来了）

忠伟：哇，老兄，你终于出来了。

世豪：（满带笑容，开心地）我进来了！！！我是彭川啦！！！我自由啦，太棒啦！！！

忠伟：是呀，我们有两千块呢。

世豪：两千？什么两千？

忠伟：是呀，你妈跟我说他给了你一千，而我妈也给了我一千。（世豪兴致勃勃地听着）嗯，我们现在有件重要的事要做。

世豪：什么？

忠伟：就是怎么把那两千块钱花掉。

世豪：那咱们都干吗啊？

（镜头拉近忠伟，微笑）

[第三场，日外与黄昏外，游戏厅、卖电影票处、家里、回彭川家路上、咖啡厅；世豪、忠伟、阿森、服务员；食物、手机、二胡、破衣服、军皮大衣、报纸]

（音乐：Welcome to My Life）

（看电影，买东西，打游戏的镜头，忠伟和世豪狂笑的镜头）

（家里垃圾越来越多，越来越乱，冰箱里东西越来越少）

(在打完球回家的路上，两个人在讨论着)

忠伟：没人管就是爽。

（世豪掏出了手机）

忠伟：干嘛呢？

世豪：关机，省得我妈打电话来烦我。

忠伟：她老打电话烦你吗？

世豪：应该是吧。

忠伟：应该？

（两人继续走着）

世豪：我说，照咱们这花钱速度，看不见明天的太阳了。

忠伟：怕什么，山穷水尽疑无路，柳暗花明又一村。

世豪：装……（这时进入主人公的幻想中：自己在卖艺，穿得很破，在地下通道拉二胡；卖报纸，穿个军皮大衣，背着一捆报纸，边吆喝边卖，否定。摇了摇头，两人继续走远了）

（镜头来到咖啡厅，桌上摆着盘子、杯子一堆，两人坐在卡座上；镜头随服务员账单拉近主角；）

世豪：我就感觉……哦，谢谢，（看了看账单）……

彭川：4块9是吧……

服：先生，249元，谢谢！

（世豪瞪大眼睛，立即掏出了钱包，然后无奈地掏出两百元，放在桌上）

世豪：忠伟，你那边还有多少？

忠伟：不是吧，你那儿没啦？我看看……还好我够机灵，留了点钱（于是掏出钱包，停住了，里面仅有50元。无奈下还是交上了）

41

服：谢谢，请稍等。

（看着服务员离开的身影，两人愣住了）

忠伟：我说……咱们怎么办？

世豪：不知道，反正就是惨了。

服：（服务员走了回来）先生，找您的一元和收据。

世豪：小姐……你们这儿缺人么？

（忠伟疑惑地看了世豪一眼）

服：对不起，这我不太清楚。

世豪：那带我们去见你的老板吧，他在这儿吗？

服：我们老板在外地。

世豪：带我们去找这里的负责人可以吗？

（于是两人随小姐走到前台，酒保正在刷杯子）

服：（走进吧台，跟酒保小声说着）

忠伟：（两人互看了对方一眼）你干吗呀？

（接着酒保走了出来）

酒：你们好，我是这里的副主管阿森，经理在外地出差的时候我管这里。

世豪：太好了……森哥……我叫世……彭川，他是忠伟。你们这里缺人吗？

酒：正好我们刚辞掉三名服务员，现在忙得要命……你们多大了？

世豪：十八。

酒：你们的身份证给我一下好吗？

世豪：我们真的十八了，身份证落家了，明天带来行吗？

酒：行，你们都会干什么？

世豪：我们什么都会干，煮咖啡洗杯子都行。

酒：好吧，你们在这里适用半个月，试用期间每天20元，早7：30至晚9：00，穿工作服，有什么问题吗？

忠伟：今天就开工吗？

酒：不，明天你们过来吧，要穿工作服像他们一样。

世豪：有，没问题。

酒：小玲明天会教你们怎么做的。

世豪：谢谢森哥。

（渐黑）

《幸福的路上》访谈录

6月27日青春电影《幸福的路上》首映。这是IB电视台继《生死界限》后又一力作，也是导演陈逸伦同学在中学期间的"收山之作"。《超级90后》对导演陈逸伦、监制张晓佳以及两位主演古今、田荔伟同学进行了采访。

古今

《超级90后》：古导演已经有几部作品了？

古：嗯，我一直是策划部的。这学期拍了两部短片。一个是在才艺展示晚会上播的《噪音前传》，还有就是给校服拍的广告。

《超级90后》：觉得在晚会上观众的反映怎么样？

古：基本达到了我们要娱乐大众的预期效果，还是很搞笑的。

《超级90后》：那你以后想走什么样的导演路线呢？

古：路线啊，反正不同的片我尽量拍出不同的风格吧。至于我啊，暂时还没想好。

《超级90后》：说说拍《幸福的路上》这部电影的一些感受吧。

古：嗯，我们用了13天拍完整部电影，讲的就是高中生向往自由、无拘无束、脱离家长管制的生活，最后经历了一些社会困难之后还是觉得有人管着自己也是种幸福。不过我自己也没经历过。如果没有家长的管制是会得到一时的快乐，但肯定很短的。

《超级90后》：你暑假会推出新的作品吗？

古：会啊，不过现在剧本还没定。这次的演员就全由这一届的同学来担任了，不会再有老生的支持。

张晓佳

《超级90后》：作为影片的监制，有没有什么拍摄的体会啊？

张：第一次拍摄电影，感觉特别虚幻，觉得是不可能的事情。后来找北影的学长去找点经验，因为他们有拍那种小电影的经历，所以向他们学一学。不过我们后来拍成之后，拿那些大学生的作品比，我们要比他们好很多，呵……第二次拍摄，就全是我们电视台的人了，是由我们那批元老级的人来弄的，把上次出现的好多问题都给改正了。

《超级90后》：简单评价一下这些同学吧，演员啊，工作人员。

张：对古今啊，刚开始没想让他当主演。后来我、陈逸伦、田荔玮在出租车上聊男主角，就说是那种傻傻的、很木讷、不太爱说话，突然就觉得古今很符合。刚开始的时候我们很担心他的演技。他也是有点怕生。不过古今这个人很好，很有奉献精神，而且特别有责任心。古今非常上镜，这是有点出乎我们意料的，而且他能很快地入戏。尤其是那个一回头的经典镜头，他诠释得特别好。而且为了把他弄得很落魄，在冬天就穿一件衬衫，还要抹上泥巴，脸上画着黑色眼影。不过好在古今很敬业，这点让我们很欣慰。杨雨桐担任重要职位，是场记，是专门找我们拍摄漏洞的。她把托福的课全拖了，而且是一直跟着导演来拍的。她说要坚持到底，并且这次比上次漏洞要少很多，可以说是有了一次飞跃。很谢谢他们的这种敬业。

《超级90后》：对接班的这批人有没有什么期望？

张：非常相信他们的能力。可以说比我们要更有潜力。并且他们有想像力，而且有很强的责任心。只要把本分工作做好，做得出色。我想他们在这次锻炼之后会比我们有更好、更高的基础。可以说是青出于蓝胜于蓝了。如果有什么需要我们帮忙的，我们肯定会很支持他们的。

《超级90后》：谢谢啊～

田荔玮

《超级90后》：跟古今合作的感觉如何？

田：感觉他特别搞笑，跟他在一起拍很开心而且特别舒服。演技啊，觉得比我要好多了，希望他下次更好啊！

《超级90后》：对这可能是最后一次当主演有没有什么想说的吗？

田：第一次不是全和咱们学校拍的，所以挺无聊的，不太舒服。后来因为都是咱的人了，所以特别默契，还且团结。

《超级90后》：对新的这批人的评价呢？

田：非常好，特别不怕吃苦，非常敬业。我很喜欢他们。

《超级90后》：比较《幸福的路上》和《生死界限》你觉得提高了多少？

田：我们这次有很大的提高。比如说镜头、灯光、音效都要好很多。何况古今演得都不错。透露一下，还有师伟的献声。

《超级90后》：对暑假可能会推出的新片有什么期待吗？

田：只要有进步就好，达到所期待的就不错。希望能拍得更好吧。祝一代更比一代强。

陈逸伦

《超级90后》：从第一次拍电影到现在有没有什么收获呢？

陈：其实在我看来，第一次拍就相当于是一次训练，也就是进修。基本上电视台的所有人都不太了解怎么去拍。因为我们是找北影的人来帮忙的，所以某种程度上可以说是别人导演的。包括场地提供什么的，都很仓促。除了后期制作以外，其他的都不是我们来做。在拍《幸福的路上》的时候，我们的主创人员就扩大了5、6倍，大概三十多个人。基本上都是咱们学校的。这回的前期准备工作做得就很到位，尤其重视了光线的质感，更专业化吧。

《超级90后》：那再具体地说呢？

陈：我们这次的剧情要写实得多，《生死界限》就太虚幻了，也不太能引起共鸣。而且细致化了。我们大概七、八个人讨论了两天，修修改改地给弄出来了。而且这次是全程配音，音效要比上次好很多。不过我最大的体会就是团结！我是经常批评他们，很少夸。而且经常很多人都要凌晨一、两点才能睡，说戏说到很晚。但没有一个人说太累太苦这样的话，而是更努力地去做他们的事情。我们这些演员都是很早就起床，已经很专业化了，并且都很准时地到基地去拍摄。我很感激他们这些人的配合。真的，让我这次收山之作没有留下什么遗憾。

《超级90后》：呵，那对这次参与拍摄的接班人有什么评价吗？

陈：其实我们这次挺残忍的，原本根本没有想让古今来当男主角。而且当时还有一个梁雨昕，不过因为他中文的台词念不好，所以也就待定了。我们是在2月1号试镜，当时我就有种冲动想把摄像机给砸了，因为古今演得实在太没有感觉了，甚至还没梁雨昕演得好。我当时就有点后悔，为什么选了古今啊？不过在正式拍的时候，他让我特别惊讶，180度大转变啊！肯定底下是做了大量工作，非常入戏。因为他的眼神总有些呆滞的感觉，所以我们让他把眼镜摘了，没想到的是，他在正式拍戏的时候甚至可以说是半专业化了，把角色诠释得很到位。尤其是在拉长镜头的时候，特别有感觉。有时候会拍一些安全系数比较低的镜头，像衣服被四、五十迈车速的车给挂住，我会让他练很多遍，的确是很危险的。不过到后来效果还是很好，还有好多人，像薛童、赵佳琪这些人，也都在很努力地做自己的事情。

《超级90后》：《幸福的路上》这部电影是怎么定位的呢，名字又是怎么起的？

陈：这个问题我们当时争论比较大的。因为刚开始说是拍搞笑的。但后来觉得真实度不够，或者是不能进入我们现在的生活。因为现在像我们这

个年龄的，都希望自己工作，花自己的钱，渴望自由的生活，所以就以感动来定位了。而且在编剧的过程中，我都让主演来编剧，这样他们才会更连贯地去理解电影和角色。这部电影是后起名的，我们起过很多名字，像《生活在别处》、《生活区间》啊，甚至古今一直说要叫THE MOVIE。后来是我起了一个头吧，叫《幸福的路上》，就是这么一个过程。

《超级90后》：以后电视台会走什么样的路线呢？

陈：因为我们最开始其实就有两个社员，是一个很新的社团。06是我们招的第一批。像我、张晓佳、田荔玮我们三个人起到的，就是一个找路开发的作用。从最初的短片到现在，我们一直是去探索。所以这只是一个最初的阶段。我希望的是以后接手电视台的人，能在最后拍出胶片电影，真正走入电影市场。我不着急，一点点来，06届、07届、08届、09届……肯定会有一拨人能达到这个目标的。

《超级90后》：最后，说说想对观众和支持你的人说的话吧。

陈：首先我要感谢电视台全体人员，因为电视台是一个分工很明确的团体。一共5个部门，每个部门都有要做的事情。他们有很多小细节都做得非常好，有时候也让我很感动。最感谢的是张晓佳和田荔玮，他们俩就相当于是我的左膀右臂。我们三个就像是一个黄金三角，缺一不可。第二是要谢谢外部帮忙过我的人，没有与他们交流的过程，也就很难有电视台的那些作品，像《信息SIM卡》、小短片什么的，我也很喜欢和他们交流，能学到很多东西。最后，我要谢谢所有支持我的人，他们出过钱出过力。有时候我说要帮忙，一个电话就全能赶过来。是这些人让我很有成就感。这次的《幸福的路上》算是我的收山之作了，可以说是一点遗憾也没有，虽然也有一些小瑕疵，不过我还是很满意的。谢谢大家的支持，如果下一届还有什么需要我们帮忙的，也一定会抽出时间来帮的。谢谢你们！

记者：张菀钰，房楚遥，王海骁，赵迪克，龚雅雯

➡ 纸上电影

Text—朱琦　Design—李紫琪　Photo—徐天阳　Cast—牛杰&韩京玫&张闯

叶子·夏天

秋—牛杰
夏—韩京玫
叶—张闯

this story start with ....

Begin →

1. 夏和秋，一直就是形影不离的。
   如夏花般绚烂，如秋叶般静美。
   上了高中之后，她们结识了一个新朋友，叶。
   叶不太爱说话，但笑起来的样子很好看。
   他们三个彼此依赖，每一天都过得充实幸福。

2. 喜欢看着，秋和叶，两个字相邻着。这是秋无法言述的心情。
   那样不爱说话的叶。那样笑得明澈的叶。那样干净的叶。那样美好的叶。

   初见时的他，便已经划在了她的心底。

   不过，可以每天和夏与叶在一起走过校园的林荫小道，几乎已经是她所企盼的全部美好。

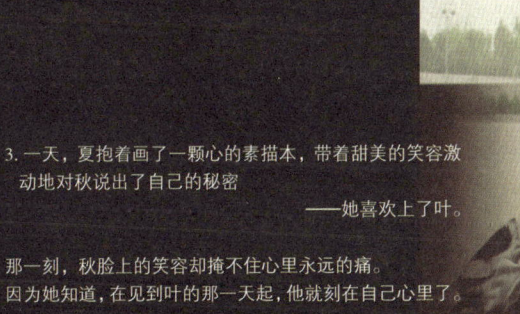

3. 一天，夏抱着画了一颗心的素描本，带着甜美的笑容激动地对秋说出了自己的秘密
   ——她喜欢上了叶。

   那一刻，秋脸上的笑容却掩不住心里永远的痛。
   因为她知道，在见到叶的那一天起，他就刻在自己心里了。

最美好的爱情，为什么会让人心痛呢？
当夏开心地说出自己对叶的倾慕，秋的笑容，仍然在脸上停留。
为什么偏偏是他？又为什么偏偏是她呢？
说蹊跷也蹊跷。
这世上，偏偏那样多的为什么，不会有答案。
唯有心酸，不需要回答。

学校即将举办一年一度的化妆晚会，三个人兴致满满，
约定要在舞会上完美的共舞，并且准备好了舞会上需要的服饰。

能不能找到一个理由快乐呢？
化妆晚会沸腾了盛夏。夏的快乐溢于言表。
灰姑娘在舞会上遇见了王子，她们又会遇见谁？

47

5. 其实秋从来不期盼一曲华丽的舞步。
即使是在面具下，如果可以轻握住你的手，便没有其他的完美。

但从走进商场的那一刻起，
他和她，心底各自怀有不同的念想的两人，
命运的道路早已错开。

6. 雨水突如其来，
秋慌乱地躲避，那双崭新的舞鞋却仍然泅上了水色。
所有人都知道，夏是那样，那样地喜欢自己手中粉色的舞鞋。
但她毫不犹豫地将它放入了秋的手心。
既然是朋友，无论何时，我都愿意站在你的身后。
就像你也会为我做的那样。
为你支撑，哪怕被你遮挡。
就像你也会为我做的那样。

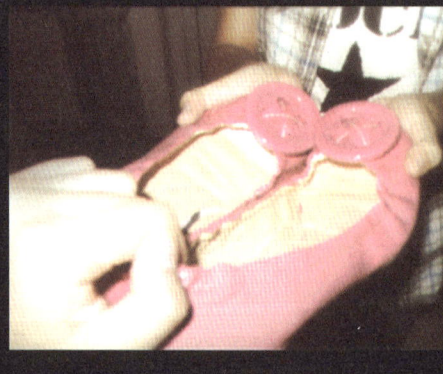

7. 你说，叶会是什么样子呢？夏欢笑着。
无论叶是什么装束，他已是她心中的王子。

华丽缤纷的舞会，穿梭着美丽优雅的身影，一个跟跟跄跄满身酒气的女孩让秋不得不侧目。秋快步过去搀住了她。
"夏，我们送她回去好不好？" "可是，叶……" "没关系的。"
打扮成清丽精灵的秋独自扶起了女孩，默默地转身，背过一场喧嚷。无数不解和怪异的目光看向了她。
但，这不是她为之落寞的缘由。

48

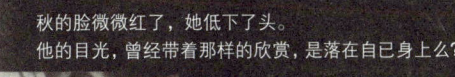

8.叶,
你到底装扮成了什么样子?

秋的脸微微红了,她低下了头。
他的目光,曾经带着那样的欣赏,是落在自己身上么?

然而,
如果她抬起头来,她会发现,
叶的目光正炯炯发亮地凝视着夏。

而夏,幸福地回望过去。

这不重要。叶笑笑地摇摇头。
重要的是,昨天,我看见了一个精灵。她真的很美。

9.夏和叶就这样亲密起来。
一起吃饭,一起闲逛。彼此赌气,彼此逗乐。
爱情是空气,爱情是水。所以爱情可以这样轻易地腐蚀掉铁三角。
秋静静地站在他们身后。
这样的寂寞,不用言表。
也不会有人听到。

10.分离来得这样快。

不是不知道叶是终将去另一个遥远国度的,
却才明白原来这样的分离永远不可能在心中真正被准备妥当。

夏哭得几乎岔过气去。转身跑开了。

这是极少的机会,秋终于和叶站在一起。
单独。相邻。
却是,秋的忧郁,叶的伤感。

也许,最伤痛的是从未真正成立的假使。
也许,最断肠的是无法言述伤痛的离别。

11.如果,如果,当初,叶的选择并不是……沉静如秋,却也无法继续隐埋下这个问题。没有打开的爱,是为何而凋落了盛开的机会?

叶笑了,明净爽朗如初见。男孩不会忘怀那个舞会上的精灵,那个决然地穿过冷眼的人群,轻柔搀扶起醉酒女孩的身影。

但是,为什么?秋睁大了眼睛。为什么你可以这样确定,你的精灵就是夏?

当然。男孩的笑容由于回忆的甜蜜而飞扬。
因为,我一直记得,她那双粉色的舞鞋。

12.叶离去了,只留下渐行渐远的背影。
秋双手紧攥成拳。有忍耐了许多的泪,划过脸颊。
却是突然间释怀了。
那走远的,是梦,和重负。
无论结局,这青春的过往,是属于自己的独家记忆。
嗯,也许也属于那双,粉色的舞鞋。

-End-
-End-

NO.4 校园生活·毕业时
（专题策划）

我们将青春的脚印不规则地留在了身后，
是年轻促使我们向前挺进，
但当我们驻足回首时，
却会不由自主扬起嘴角。
因为，我们的足迹，留在这里。

Our FootPrints
In Here

还记得那天的云很不一样。夕阳中伸向天空的梯田在光芒里渐渐隐去形状。我和朋友爬上顶层看到的是一个别样的校园。红砖色楼房,晒得发热的草坪,奔跑的小孩子以及光束流过的林荫道。这里便是留下我们别漾青春的地方。

藏匿在角落的回忆

撑一支船桨,漂泊在无尽的时空之河;
点一盏心灯,照亮那些沿途被遗忘的寂寞的角落,你发现了吗?
这里是记忆的狭间,是藏匿在角落的回忆。

这里的一草一木,都缊含着属于自已的一段记忆,一段明明只有你知道的,却又忘却了的回忆。轻轻地拉住它们的手吧,让它们带你回到它们印刻下来的,只属于你的回忆角落,你看见了吗?
你还会记得这里属于你的印迹吗?
这里的藏匿着回忆的角落。

习惯了在教室里橙黄微醺的灯光下趴在旧时的泛黄的课桌上发呆;习惯了将自己藏匿在茶杯上方缓缓飘出的雾气后面,小心翼翼地端着泡好的热茶,匆忙地穿梭于水房与教室之间;习惯了在课间操、体育课的时候轻轻找到自己喜欢的人手挽手绕着小花坛一圈又一圈地走着,只有校园里零星的路灯将影子漫射,其余地方依旧是一片漆黑。
就如当上锁的回忆之门打开时,汹涌而出的种种让人无力招架。所有灿烂的、缤纷的日子,在你们离开后,成为了这个学校最柔软的地方,稍微触碰便会泪流满面。这些零零散散的片段仿佛从自己脑袋上的记忆盒子中飘出来,一如学校的那棵樱花树,洁白纯净的樱花随着风独有的旋律洋洋洒洒地落下来,那一肩一头,全是记忆的芬芳。
别人的故事,听起来轻描淡写,可是当自己站在离别的分界线时,却不想面对这看似突发的一切,甚至不想迈出离开的那一步。丝绒一样的阳光,似放映着的老电影。之前三年的一幕幕重新在眼前一一掠过,一个个熟悉的角落,一次次值得回味的瞬间,一如曾经逝去的过往。

你们,你们。匆匆飞去……
留下我们独自在角落中重拾回忆。

走出考场，本来应一身轻松的我现在思绪万千……那些角落，那些场景，那些曾经的欢声笑语还依旧历历在目，闭上眼，仿佛又伫立于那片阑珊中……

1 小学大厅

这个分岔路口，曾经走过千遍，而如今交织过的心绪如棉絮，软软地落在心口。这样的分岔路口不知今后还会遇到几个，可或许再没有一个会让人如此深刻地回味吧。

分岔路口 **2**

隔着静静玻璃门，我仿佛又看到了那为了多少场晚会忙碌的身影。那台上的灿烂，台下的欢呼，是给我最美好的记忆。一年前离开的是他们，一年后告别的是我们。

Everything

3 餐厅

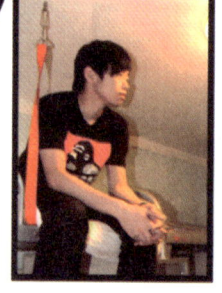

这间不足十平米的小屋，承载了我的欢乐、兴奋、舒心和幸福；更记录了我的疲惫、紧张、郁闷和彷徨。这昏黄的灯光更添了一分感伤；再也无法徜徉在这长长的走廊。

宿舍 **5**

再见了，熙熙攘攘的小卖部。我即将离开，告别昔日的等待。

小卖部 **4**

餐厅依旧人来人往，可是也许以后再也无法在长长的队伍中等待，再也无法尝到这独一无二的饭菜……

空荡荡的教室失去了往日的喧闹,但是寂静的,不会是回忆。

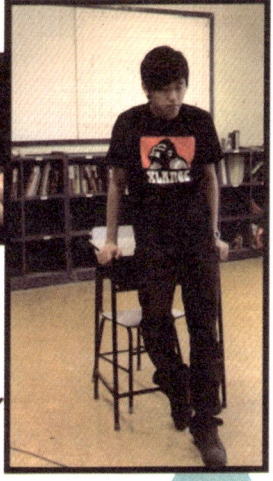

教室 **6**

7 图书馆

看着这些方方正正的汉字,我顿生了一种不舍,仿佛又看到了跟同窗一起刻苦奋斗的画面,掺杂着玩笑的请教,留在了回忆中。时过境迁,因而惹人留恋。

Gonna Be

多少次在这里尽情地挥洒汗水,
多少次在这里让热血沸腾,
多少次在这里享受跟朋友的精诚合作。
多少次在这里击掌欢呼……
尽管如今我拥抱着未来,但这一切不会消失,它会出现在我最美好的梦中……

8 篮球场

9 这条路

回头看来时的路，总有太多复杂的感触。
不会忘记过程的荆棘密布；
不会忘怀曾在别人眼光耳语中迷路；
这么辛苦。
但，我不后悔选择这条路，
这段承载了我青春梦想的旅程。

Memory
回忆无声

学校大门 **10**

终在离开的刹那，深感青春的匆忙。
挥手道别的，不只是同窗，连同那年少的昨日，遗留在这个地方。
最后一眼，看着荫林的一草一木，望着学校里的一人一物。
我们即将道别这一切。

多年以后，那个眼神，那个挥手的动作，那个嘴角上扬的弧度，
以及那个手臂的摆动频率，还会让我觉得熟悉。
我知道，那是我怀念的。
深深镌刻在我们脑海中，那么精确，那么不会被忘怀。
同我一起走过最美好时光的傻瓜们。
走路时摇摇摆摆，桌子上乱得一塌糊涂。
开玩笑时不知道彼此嫌弃了多少次，
却终有一天发现离别多难面对。
这就是爱。无可替代。

我的三年高中生活

实在不想很俗地开篇,但是不得不说,三年过得比想象中的快了许多也快乐许多……在匆匆忙忙收拾完家当然后顶着夕阳从西门离开时,我们,就这样,毕业了!时间如流水,任谁都无法捉住。但是我真的很想,也一定会把这三年点点滴滴夹杂在成长中的纯真、欢乐、心酸和窘迫捕捉并捆绑压缩在记忆的深处,让它不干涸,不褪色。

高一

关键词:懵懂/幼稚/天真/勤奋

高一时是懵懂的,从公立学校走来,感觉一切都是那么不一样,同学们来自四面八方,各怀奇才,校园更是感觉很神秘。而每天的生活竟单调得只是三点一线:宿舍、食堂、教学楼,想想就觉得可笑……

高一时是幼稚的,想当初班里一半的人竟然在吃完饭后回班看电视!幻想一下画面,不赘述了……

高一时是天真的,天真在于我们胸怀大志并自以为是地觉得课程并不是很难,某些科得个7分相当容易,文凭嘛,是理所应当的。TOEFL、SAT努力努力也不在话下,名牌大学不成问题……想当年大家一个一个是多么血气方刚呀。唉……当时的想法真是可悲又可爱。

高一时是勤奋的,不说别人,起码我以及我的周边是可以充分证明这个的。当初大家是多么在乎一场期中,一场期末,为了30%、40%拼得熬夜苦干……等真正考IG时呢?嘿嘿……

高二

关键词：时间不够用／中坚力量／社团／开会／成就／挚友／备考

高二，最强烈的感觉一定是时间不够用！不用充实，不用忙碌，而偏偏直白地晒出这几个字来，因为这是心声，更是事实。大家各有各的不够用。但总归都是不够用的嘛……我想每个人列个To Do List都能写一页A4纸了，远到心中备考的目标计划，近到眼下essay的deadline……大家加油奋斗吧，出头之日在不远的前方。

高二的是中坚力量，很老套、很熟悉的一句话了。不论你到底有多中坚，不可否认的是高二是忙得分好几遍身，啥事都不得不掺和的一年……有社团的忙社团，有学生会的干学生会，有活动任务的完成任务。抽时间还得顾着学习，怎么想怎么累呀……当然还有以上全都得照顾到的全能大忙人！总之，高二是任重而道远的一年……

我想对高二的记忆是离不开社团和开会了，当然附属产物是满满的成就感。对于我自己，当然就是栖迟和《漾》话不需多说，那些，只属于我们的别漾，是不会被遗忘的时光。是我对自己最美的承诺，是执着，是洒脱. 是值得!!!亲爱的们，好庆幸我能与你们相识相知，谢谢你们陪我一起度过，一起感受，一起奋斗，我永远爱你们！

什么是真正的挚友，能够共同承受并分担痛苦，能够敞开心扉地促膝长谈，能够分享心中的小秘密，贴心、爽快、讲义气……得到知己我还有什么不满足的呢？！

虽然不想说，但是备考确实是高二生活中无法忽视的一条主线索。大到TOEFL, SAT和预考，小到各种exam和quiz……谁有心情统计一下自己经历的大小考试，数字一定很惊人，而你一定是百中挑一的"闲人"了~哈哈！

高三

关键词：豁达／成熟／
大学／肆意／
回归503

高三开始变得越来越豁达了，看开了许多，没有遁入空门，但是把很多事情都想得更明白了吧——也许这就叫成长。高三的我们表面看起来还是一样的疯狂，但是大家内心都在日渐成熟，是吧？另外一个跟高三脱不开干系的关键词就是"大学"，从申请到等待、录取和最后的择校，感觉高三的四分之三时间满耳朵都逃不开大学的消息，而我自然而然也在这个大缸里晃荡，有意或无意地分享着他人的喜悦和遗憾……三年前，大家从四面八方来，三年后，大家要到五湖四海去……不过，好在这世界不大，指不定哪天我们就在异国街边擦肩而过呢！高三是可以肆意的，当然这也只是江湖约定成俗的规矩而已。不穿校服，逃课睡懒觉，翘课藏图书馆，大摇大摆提前去食堂，该学的时候猛学一番，平时打游戏＆看片……多多少少谁都有过，不然也枉为高三的了哈哈……高三的我们天天怀旧地回味过去，再略带伤感地憧憬未来。"疯狂地在校园闲逛，在草坪上嬉戏，甚至做捉迷藏……哈哈，能多幼稚多幼稚，能多high多high，我们就是这样无忌。503，四个傻子的根据地所在。里面有个爱傻乐的老女人却穿个Nike装嫩成功，名叫"还有一个傻子"，是个彻头彻尾的"小"傻子。她想转型却始终无法革命成功，因为实在看起来太傻太Q了，简称"一个傻子"；有个无数昵称的"老大"，但是不论她是AoAoo还是警长，都免不了时时被我们集体"围攻+背叛"，还有其实是因为她才华横溢+脾气好啦，叫作"这是一个傻子"，年轻聪明有个无敌的super，一代传奇人物，神经质+极端正派，尊称"另一个傻子"！高三一年尤其地疯，尤其地疯狂，尤其地疯狂并幸福着。

三年，重心在不停迁移着，人心纹丝不动。我们都在前进，朝着光明的大道……永不停歇，永不舍弃，永不后悔。

Once

once there was a story about us

NO.5 青春版经典

青春也经典

因为我说,所以våt
穿越千年的时空,
心灵对话。

经典亦青春

因为我说，所以精彩
穿越千年的时空，
心灵对话。

微博论语

16岁看孔子,
中学生读《论语》——
孔子原来这样说,
"论语"原来就是"微博体"!
16岁和儒家心灵对话,
90后像先哲Twitter言论,
三秒之后,会不会成为"新论语"?

中学生 国学研讨会

女主持人(女)：女士们，先生们——

男主持人(男)：大家下午好！"中学生国学研讨会"现在开幕了！

女：发扬国学，是身为90后的我们义不容辞的任务，今天的我们需要认识到当我们走出国门的那一天，进入国外大学学习后，应当作为国学的传承者将其发扬光大。

女：近几年，高中国学社、草堂文学社一直致力于普及国学、研究国学，同时将《论语》等国学书目定

为必读书目。通过这些社团几年来的努力，"国学"一词已在同学心目中改变了它曾经有的古板的意味。

男：今天我们举办这个"中学生国学研讨会"，就是为了给大家一个直接与国学面对面的机会，给予大家对国学的一个初步的概念，让同学们对国学有全新的认识。

女：此次国学研讨会主题一改往年传统的模式，将其定位在"框框之外的儒学：孔子原来这样说"，主讲者都是来自草堂文学社的成员。

男：他们将分为三组，从交友之道、文化差异、男女关系三个方面，从国学知识入手，展开讨论，相信能给大家一个不同寻常的感受。

女：朋友，永远伴随你的人；朋友，永远是我们身边最值得信任的人；朋友，永远是帮助你的人！在孔子眼中，"朋友"是什么样子的呢？有请第1组的同学来讲讲"孔子的交友观"……

第1组主题

孔子议友：浅谈孔子的交友观

主讲者：

范迪娜　岂伊然　孙婉妍　于雪　刘亦惠

(范迪娜，草堂文学社社长，曾参与承办中文A1各类活动，在国学、中国现当代文学上有自己独到的见解，所作论文曾多次刊登在校网、校特刊。)

"君臣也，父子也，夫妇也，昆弟也，朋友之交也。"

1. 孔子论交友的作用：人为什么要交朋友？

因为：需求——寻找——获得——满足

子曰："有朋自远方来，不亦乐乎？"交友是满足情感表达交流的需要——快乐。

曾子曰："君子以文会友，以友辅仁。"交友是为了获得价值上的认同——共鸣。

朋友死，无所归，曰："于我殡。"交友是为了获取帮助和慰籍——工具性。

2. 孔子论交友的准则

A、诚信——子路曰："愿闻子之志。"子曰："老者安之，朋友信之，少者怀之。"

B、宽容——周公谓鲁公曰："君子不施其亲，不使大臣怨乎不以。故旧无大过，则不弃也。无求备于一人。"

B、距离——子贡问友。子曰："忠告而善道之，不可则止，毋自辱焉。"

结论：

孔子告诉我们，选择一个朋友，就是选择一种生活方式。而能够交上什么样的朋友，则要凭借心智、素养和缘份了。

男：感谢第1组同学，相信孔子的"交友观"能给予你对朋友一个新的认识。孔子的话总是蕴含着人生的哲理。那么孔子对文化的看法又是怎样的呢？有请第2组的同学，从"大同"之不同，来看东西方文化的差异。

第2组主题：

从"大同"之不同看东西文化的差异

主讲者：

雷雷 赵蒙 龚雅雯 丁舒涔 薛贺

(雷雷，草堂文学社儒学组组员，曾参演中文A1展示活动并取得优异成绩，在岭南文化专题研究中表现突出，经常带领同学学习《论语》《楚辞》等国学著作，深受同学欢迎。)

一、什么是"大同社会"呢？

"大道之行也，天下为公。选贤举能，讲信修睦。故人不独亲其亲，不独子其子，使老有所终，壮有所用，幼有所长，鳏寡孤独废疾者，皆有所养。男有分，女有归。货恶其弃于地也，不必藏于己；

力恶其不出于身也，不必为己。是故谋闭而不兴，盗窃乱贼而不作，故外户而不闭，是为大同。"《礼记·礼运》

大同社会的特点：
◎ 全民公有的社会制度
◎ 选贤举能的管理体制
◎ 讲信修睦的人际关系
◎ 各得其所的社会保障
◎ 人人为公的社会道德
◎ 各尽其力的劳动态度

二.乌托邦和理想国

◎ 理想国"THE RUPUBLIC"——乌托邦"UTOPIA"。
◎ 构想或抽象出一幅理想社会的蓝图。这是一片梦想的国土。一个心灵的产物，是在理论上建立起来的城邦。

三．孔子的乌托邦和柏拉图的理想国

孔子 (男)
(公元前 570- 前 470)

◎ 贵族家庭
◎ 朋友很少
◎ 似乎有一个妻子
◎ 所处社会:专制的君主、贪污的官吏、僵化的等级制度
◎ 德行的完善
◎ 以人格来划分等级

柏拉图 (男)
(公元前 427- 前 347)

◎ 贵族家庭
◎ 几乎没有朋友

◎ 一生保持单身
◎ 所处社会：言论自由，但是充满了贪污和腐化
◎ 从最高层的善的理念到最下层的欲望世界的理念
◎ 以理念来划分等级

就在这两个人为当时的世人阐述自己世界观的时候，没有人知道他们的著述会在今天有如此崇高的价值。而对于他们观点由怀疑、论证、承认到后来的膜拜，再到修正和传承，这期间历经了两千多年。可以说孔子与柏拉图所构建的理想社会，分别在不同程度上影响了后来整个社会意识形态的发展与演变。

女：感谢第2组同学，说完东西文化，不知道孔子是怎么看待异性的，下面，就有请压轴出场的第3组带来他们的展示主题——"圣人眼中的异性"。

第3组主题：

圣人眼中的异性

主讲者：
吴迪
杜亚雄
葛言
（吴迪，草堂文学社前任社长，曾代表学校赴湖南参加由台湾素书楼文教基金会举办的国学交流活动，多次组织国学讲座、时政论坛、文化调查活动，多次作为主讲为社员普及国学知识。）

孔夫子歧视女性么？
女人与小人可画等号？
到底是谁更难相处？
女性对男性意味着什么？
如何正确看待异性？

线索A："唯女子与小人难养也，近之则不逊，远之则怨。"——《论语·阳货》
孔子说，女人和小人是最难办的。对他太爱护了，太好了，他就恃宠而骄，搞得你啼笑皆非，动辄得咎。对他不好，他又恨死你，至死方休。

猜测1：此处的小人与女子是有专指的，而并不是指向所有女人。
猜测2：小人是指小孩子、幼童。此处是说小孩子和女人都是难应付的，是孔子发的一句小牢骚。

线索B：吾未见好德如好色者也……——《论语·子罕》
人都是好德不如好色。如果一定要以最好的道德

要求，世界上很少有符合此标准的人。

女人未必皆祸水。

这才是孔子对异性的真实态度：《论语》原来是那样说的，孔子原来是这样想的。几千年来的文化传统都把这定义成了孔子对女性的歧视，但其实这句话体现了孔子对女性的尊重。

男：感谢以上三组同学的精彩演说。虽然草堂只是一个小小的、默默无闻的团体，但是与其他无数个这样微小的组织和个人一样，我们坚持自己的信仰，并等待着更多愿投身于这光荣事业的90后的加入。也许，草堂的力量和影响微不足道，但是我们将一直肩负责任，执著、坚定、无悔地走下去……下面有请指导老师对这次"中学生国学研讨论会"进行总结讲话。

90后读《论语》：
孔子原来这样说

今天旁听了同学们的国学研讨会，我就像看到两个很可爱的人在对话。

一个是个很可爱的老头；一个是90后的少女，很卡哇伊的那种；孔子的话一定是那种大家都耳熟能详的，而少女的话也一定是立足于她自己生活中的那些焦点问题的。

就是这样，边听大家的讲座，我边在想像你们对话那个场景的开头：孔子刚刚吃完午饭，刚跟老婆吵完架，又嫌自家小孩叽里呱啦心烦，躲在树荫底下，拿着扇子一边摇啊摇，一边叹着气，说："唯女子与小人难养也，近之则不逊，远之则怨。"忽然一缕青烟，穿越出来一个90后美少女（很有点像穿越文学吧？），笑嘻嘻地问："老头子，你是在说我吗？我很好养活啊，一包薯片，一个PSP，一个MAC……"

孔子看到她一点都不讶异，相反很欣喜，开始对这个跨越千年的女孩诉说自己的悠悠心事："我说什么，他们都不理解；我做什么，他们都反对；他们对我也不抱有期望，觉得我庸庸碌碌，一辈子难有成就；这一群笨蛋弟子啊，这一堆烦人的老婆孩子啊，我一生难以实现的抱负啊……悠悠心事，文化思想，人生见地，政治策略，我向谁诉啊！"

哈哈，有意思吧。从这点出发，我发现了你们解读孔子说的主要倾向：你们在拿古代的语言解释今天的生活。这就是16岁看《论语》的角度。于丹说的是她读《论语》的心得，是她的一己之得；但是，你们这些16岁的90后却坚持你们看到的是孔子通过《论语》告诉你们的孔子自己的心得，"不是老师你跟我说孔子是怎么想的，而是我觉得孔子就是这么想的；不是你告诉我孔子是谁他就是谁，而是我认为孔子是谁。孔子就是我眼中的一个可爱的老头，有很多想法，却又找不到机会说实话，所以经常爱发发牢骚；收了一群不成器的弟子，整天呵斥他们：'你们怎么这样笨啊！这样下去怎么得了

啊！'……"呵呵，感觉就像看你们的老师一样。是不是？

所以，我觉得，你在们拿《论语》说话、拿孔子说事儿。想干嘛呢？反对！反对老师、父母、家庭、社会、权威……等等一切所谓"大人世界"教给你们，但并不能为你们现在能接收且认可的价值观念。

因为，一直以来，你们都是弱势群体，总是处于被教育者的姿态，"大人世界"老是说你们该怎么说，怎样做，似乎大人们说的一切都是对的；但是批判性的思考让你们发现"大人世界"所说的那一套已经过时了，甚至已经老套了，并不足以解决你们现在所面临的很多新的成长问题。且由于互联网，你们甚至能获得比"大人世界"更多足以洞悉自己的困惑、需求和解决之道的信息与答案。所以，你们并不服"大人世界"所谓的正确做法。

但是，你们当中有些人很聪明，不再是直接反对，直接叛逆，而是逐渐学会甚至能娴熟运用"以子之矛，攻子之盾"："你们不是老拿《论语》说话吗？我就拿孔子来说事！你们大人经常拿孔子怎么说，用那些名人名言来教我们要怎么说、怎么做。但是，老师，我要告诉你，你们所说的经典和古典不是这样的；孔子不是像你教我们的那样想的；《论语》不是像你那样理解的——孔子原来是跟我们一样想的。我其实是要颠覆你的理念，我其实是要用你所遵崇的古人的话来反驳你的观点的，不管你说我曲解古人也罢，还是我彻头彻尾地没有弄懂——但是，老师，我就是这样看《论语》的，我觉得孔子就是这么想的。"

其实，这是一个主动式的学习，即使这个过程是走的弯路，但是，这个成长过程必然是你们要经历的啊，经历过后你们才会更深刻地体悟成长的道理啊，省略并不一定是好事，成长并不能一蹴而就。

因此，90后读《论语》，读出的是你们自己的味道，读出你们自己的心得！这次国学研讨会，让我看到了这样一线光亮，能够照亮你们前进的方向。

我欣慰，并为你们骄傲。

女： 谢谢指导老师的精彩讲话，尖锐而又深刻。真心希望大家能像老师说的一样，能够从此次研讨会中有所体悟。其实中国的传统文化与美德离我们并不遥远，作为中国人，我们的血液始终纯正，骨子里早已根植了深厚的文化底蕴，永不磨灭。而我们要做的，是将它传承、发扬，义不容辞。

男： 最后我们还要感谢参与、组织和所有对这次活动贡献出一己之力的同学们。谢谢你们无私的帮助。

女： "中学生国学研讨展示会"，到此结束！

男： 谢谢大家的参与，我们明年再会！

微博 广场▼ 微群 应用▼ 手机 找人　　　　　　　　　　　　　　　　超级90后CYP新青年　工具　私信　通知　帐号设置　退出

我的首页

超级90后的微博论语

http://weibo.com/newyouthbook

☺ 北京,东城区

添加自己的博客地址

我要发微博　　325 关注　10730 粉丝　114 微博

想象一下，如果2000多年前就有微博，那《论语》里孔子的每一条语录，是不是就一定会被孔子最先发布在他的个人微博上呢？《论语》原来就是微博体，那我们现在发在微博上的语录，三秒之后，会不会成为"新论语"？ 微博论语，就是记录、转发微博时代90后的"新论语"！

微博　我的资料

全部　原创　图片　视频　音乐　　搜索自己说的话　搜索　高级搜索

高智商社会应该有思想独立、成熟的规模化个体群，有强烈的公共意识，有创新的想法，对知识和真理的追求大于对信息的需要。但是在中国民间，现在流行的是山寨和造假，没有名副其实的创新！

转发　|　收藏　|　评论

有些事，你以为你忘了，你也确实忘了。可时隔多年，有一天你才发现，原来自己一直都在阴影中沾沾自喜。

转发　|　收藏　|　评论

认识新的人，重温看过的景物，和陌生人畅谈，照想照的照片，然后落到地上去过现实中的生活。每次旅行归来都有那么点落寞，希望能将美好和有趣的东西继续。永远都是在差不多接近熟悉的时候分开，旅行的意义就是在新的地方做个真实的自己。

转发　|　收藏　|　评论

有了车，忘了曾经的漫步也有快乐。有了笔，却忘了该写的字也曾笔意流淌。有了这个而忘了那个，到最后不知道想要哪个。

转发　|　收藏　|　评论

当你看到越来越多受不了、不习惯的东西时，要淡定，不要着急评论，因为每个人都不同。指指点点一多就会成为思维定势，不如有点恰当的距离，以留有好感，去容纳你不喜欢的"点"，才能成就共同拥有的"面"。

转发　|　收藏　|　评论

磨难是检验一个人一个集体最直接的方式,过和没过是唯一的结果。

转发 | 收藏 | 评论

教育不是培养人们适应传统的世界,不是着眼于实用性的知识和技能,而是要去唤醒学生的力量,培养自我学习的主动性、抽象的归纳力和理解力,以便在目前无法预料的种种未来的局势中自我做出有意义的选择。

转发 | 收藏 | 评论

娱乐圈的婚姻总被人们议论纷纷,好了有人眼红,坏了也有人感叹。但是幸福到底拿什么衡量,用什么来交换,只有当事人才懂。我们爱说是因为事情不是发生在自己身上,才愿意拿出来剥洋葱一样地层层讨论,可受伤的人又怎么敢去面对呢?不过是想静静地去抹掉,一点点去释怀,去找到新的自己,再多的安慰也不如自己去明白。

转发 | 收藏 | 评论

事情只有好坏之分,只有觉得好或坏的区别,可往往纠结的是我们自己本身。于是导致怕且退避三舍,退且望而却步。

转发 | 收藏 | 评论

你不去了解又怎么能真正走入别人的生活?

转发 | 收藏 | 评论

其实不需要为了对方的幸福而让他走或者选择放手,你要知道找到一个适合自己又同时对上眼的人有多么不容易。为什么不能为了这样的幸福而努力呢?不要觉得留自己一人独自悲伤是多么伟大的事情,只能说你还不够勇敢地面对自己和未来的种种。

转发 | 收藏 | 评论

聊得来很重要,基于相似的性格、差不多的爱好和一样的价值观与人生观,否则再好的身家和外貌,也终究躲不了尴尬的沉默和无知的犯错。时间久了,最爱和你说话也最爱听你说话的那个人,才是最值得珍惜的那个了吧。

转发 | 收藏 | 评论

做一个乐于分享、不自私、偶尔让自己吃点亏的人没什么不好,因为这个世界总是公平的,用心对谁好或虚情假意早晚都会明了。

(摘选自90后@wanyu张菀钰等的微博)

 青春经典剧

让青春成为经典，
让经典永远青春。

校园版
《白雪公主》

编剧：陈逸伦

主要演出人员：

白雪公主—刘扬 王子—赵泽宇 皇后—黄琛 杀手—陈逸伦

小矮人、魔镜、保镖、道具等—学生会成员

这个故事发生在很久很久以前，在一个很大很大的皇宫中，一位很坏很坏的皇后正在照魔镜。

（皇后咳嗽一声）嗯，一位一般坏的皇后正在照魔镜。这不是一块普通的魔镜，这是一块基于双核英特尔至强智能处理器的魔镜，我们的故事开始了。

第一场：皇宫内

（windows 登录音）

巫：魔镜魔镜告诉我，谁是世界上最漂亮的女人？

魔：是你……

巫：哈哈哈！

魔：吗？答案是：不…是那可爱的白雪公主！

巫：不可能……那可恶的小东西怎么会比我漂亮，你知道我一年要花多少贪污的税款去买化妆品吗？气死我了！来人，把杀手13给我找来，快！

台下：是！

巫：我一定是这世上最美的女人，为此我不惜代价！

杀：皇后陛下！

巫：你是杀手13吗？

杀：正是在下，宫廷御用杀手乔尔乔·达·卡斯特弗兰克·威尼特祖菇伦达·科诺克斯·忆里……

巫：停、停……你的名字我没兴趣知道。总之，杀手13，你要替我杀个人！

杀：皇后请吩咐。

巫：去将那白雪公主杀死，把她的心取出来，然后拿那心回来见我。

杀：是，皇后殿下。

巫：国家的未来就全靠你了，这次任务，只许成功，不许失败，明白了吗？

杀：是，我一定不会让您失望的（于是起身向旁走去）。

巫：回来，白痴，那边是厕所，大门在这边！

杀：哦。（杀手离开，巫婆靠在椅子上）

巫：哎，真不知能不能成功……魔镜，我的面膜呢？

（灯灭）

第二场：刺杀

（杀手来到了白雪公主的卧室，白雪公主正在看书。杀手从后面悄悄走过去，掏出了手枪。可突然白雪公主发现了他，把书砸向了他，并开始猛跑，又停下给了杀手一拳一脚，然后再逃跑）

杀：妈呀，皇后哪是想杀她呀，这是想杀我呀！

（两人跑到了丛林，杀手连续开枪都打不着，最后杀手停止了射击）

杀：跑不动了，累死我了，比兔子还快啊（生气地又开了一枪，听到一声猪叫）。

白：这下他追不上了……可我这是在哪儿啊？
1：你这是在哪儿？伙计们，她问她这是在哪儿？
2：你在天堂。
3：小矮人们的天堂。
4：说你怎么进来的。
5：来了就到我们家做客吧。
6：就是，就是，漂亮的大姐姐。
7：我们家里什么都有。
白：你们是谁啊？

1、2、3、4、5、6、7：我们是——七个小矮人——那你呢？
白：叫我白雪公主吧。
7：那就住在我们那儿吧。
白：好啊，可我也确实没有别的地方去了。

于是白雪公主与七个小矮人一起过上了幸福快乐的生活（其中有一些小矮人屋内的摆设和小矮人唱歌跳舞的景象），他们每天都跳舞玩耍，活得真如进入了天堂。但与此同时，在皇宫之中，皇后正在训斥着杀手。

巫：好大的胆子，竟敢拿颗猪心来糊弄我！
杀：我真的以为那是她的心，也许那就是她的心啊。
巫：不见棺材不掉泪……魔镜魔镜告诉我，谁是世界上最漂亮的女人……
魔：是你！
杀：你瞧，我就说……
巫：等等，听完！

魔：吗？答案是：不……白雪公主才是这世界上最漂亮的女人！
杀：他骗人！
巫：给我滚！
（杀手连忙跑走了）
巫：魔镜魔镜告诉我，白雪公主现在在什么地方？
魔：在丛林中，与七个小矮人幸福地生活着。
巫：看来这次得我亲自动手了。
（灯灭）

第三场：毒苹果

（七个小矮人正在给白雪公主表演节目，突然，门响了）
白：我来开门！

75

巫：小姑娘，来个苹果吧，你看看，我这苹果又圆又大，还红彤彤的，买一个吧。
白：真的，好圆好大，可我没有钱。
巫：没关系，看你这么漂亮，就送给你一个吧，我保证你吃完之后就没那么漂亮了。
白：什么？
巫：不……我是说，就会变得更漂亮了。
白：那谢谢您了，老婆婆。
（巫婆离开了，白雪公主吃了一口苹果，没一会儿就倒在了地上）
七个小矮人赶紧跑上前——
1：她这是怎么了？
2：不知道！
3：苹果八成有毒。
4：那怎么办啊？
5：上医院！
6：不行，关门了！
7：我知道了……北边山上有个神人，他什么病都可以治，我们送白雪公主去那儿吧！
1、2、3、4、5、6：好好好，快走！
（灯灭）

第四场：各显其长

（几人将白雪公主抬至神人面前，神人正在坐着睡觉）
1：那老头在睡觉，我们怎么办啊！
2：是啊，我们怎么办？
7：没事，我去叫醒他！
（7走过去，戳了神人一下，神人醒了）
神：干嘛呀？
7：神人，救救白雪公主吧，她误食了毒苹果，快不行了！
神：救她？可以！（其他人都在欢呼）但是，我是救不了她的！

1、2、3、4、5、6、7：啊？！
1：什么？
2：骗子！
3：害我们这么累地跑过来！
4：早知道就不来找你了，死老头！
神：别急，我的小矮人朋友们，我救不了她，但我知道谁能救她。
5：谁？
1、2、3、4、6、7：对对，快说，快说！
神：一位王子，他是个身穿……的绅士！
1：那怎么办啊？
2：好，走，我们去找他！
3：对，我们走！
（这时王子正在路上）
王：我想我迷路了……

2：咦，伙计们，快来，好像就是他！
3：没错，是他，快过来。
王：你们找我有事吗？
1：是白雪公主，她误食了毒苹果，现在不省人事了。我们找到了神人，但他说他也无能为力，只有你能救她。
王：是邻国的白雪公主吗？怎么会在这里？
2：她是被追杀至此的！
王：我认识她，她是我心仪已久的公主，只因母后与她的继母不合而不成，我可怜的白雪公主！
3：您有办法能救她吗，尊敬的王子殿下？
4、5、6、7：是啊，是啊，求求您了！
王：不急，先告诉我究竟是怎么回事。
旁：于是，小矮人们你一句，我一句，把整个事情的经过讲述了一遍。

王：如果可以，我一定尽力帮助你们救醒白雪公主，我们走！
（王子与七个小矮人来到了白雪公主身旁，王子看了看，随即掏出了萨克斯风，吹了一曲）
（白雪公主渐渐地苏醒了过来）
1、2、3、4、5、6、7：万岁！
王：太好了，公主，您醒了。
67：对对对，醒了醒了！
白：我的矮人朋友们，谢谢你们救了我。
1、2、3、4、5、6、7：不是我们，是他，王子殿下。
白：谁？是你，查尔斯，我的王子，你怎么会在这里？
王：我迷路在此，谁知竟遇上了你。
（王子站起身，握住了白雪公主的手，小矮人们齐声欢呼）
王：我们走吧，我亲爱的公主！我的矮人朋友们，也同样欢迎你们来我的皇宫，那里将是你们永远的家。
1：感谢您的热情款待。
2：只是我们过不惯那种奢华的生活。
3：反而是我们这虽破却温馨的小家。
4：我们这儿看似什么都缺，其实，我们真正需要的这一样也不缺。
5：爱和亲情就是我们所需要的。
6、7：对啊，我们在这里天天祝福你们幸福快乐。
（白雪公主看了看王子，又看了看小矮人）
白：哦，我亲爱的查尔斯，我爱你，只是在那个小屋子里，我明白了其实真正的富有的生活并不是皇宫里的那种奢侈的生活，而是在自己心里。只要有爱，有真情，那么你就成为了世界上最富有的人，小矮人朋友们，我们回家吧。
王：等等，白雪公主，你刚刚的话打动了我，你说得对，真正的幸福掌握在自己手里，而正是我自己决定了要陪你共度生命的分分秒秒，愿意嫁给我吗，我亲爱的公主？
白：我愿意……
旁：这就是白雪公主与七个小矮人的故事，而且正如每个童话故事的结局一样。从此以后，他们一起过着幸福快乐的生活……（大家一起合唱：Merry Christmas）
全：Merry Christmas！

（全局终）

77

NO.6 行游天下

人生
就是一场旅行，
每个人
都是行者；
让我们展开
通往未来的地图！

 游学之旅

Fly and walk in the United States

从这里出发!这里是我们对美国的第一印象。无论在其他人眼中怎样,一开始,我便对美国有着说不出的好感和亲切感。这个夏天,我·们,在美国。

面朝着有些刺眼的阳光,大家一起享受着这个让人感到温馨的旅程。美国留给了我很多朴实而又亲切的回忆:还记得大家一起把气球送给一个可爱的小宝宝时,他带着稚气的笑脸让我们对美国又平添几分亲切感;还有我们迷路时问路的羞涩……

在迪士尼乐园里面畅游,大家一起在过山车上尖叫,一起在鬼屋中颤颤巍巍地迎接又一轮的惊吓。大家聚在一起肆无忌惮地聊天,一下子就晃过了漫长的排队时间,回忆里剩下的只有欢乐和放声大笑。

★

I love America!熙哥在耶鲁大学的大教室门前大喊:"我要进哈佛!"
我们在踏上美国的土地之前,曾经幻想过美国高楼耸立的样子,幻想过在美国的高校中一个个忙碌的学生抱着闲散的几本书来来往往的样子。在进到大学校门的那一刹那,仰望天空,发现一切近在咫尺时,这种幻想被印为现实。

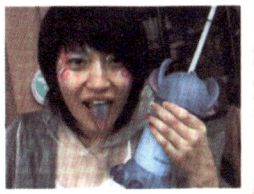

杨霄雅小朋友的蓝舌头！这张照片一经传播不少人便为之惊恐！大雅……辛苦了~

在菠萝园——被吓倒的王京小朋友，残暴的刘宁老师。看看看看~在后面的刘晓华老师还是那么和蔼可亲，那么平静~

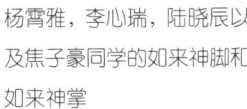

杨霄雅，李心瑞，陆晓辰以及焦子豪同学的如来神脚和如来神掌
(咳咳……素质素质啊~)

N人行……在夏威夷某个山谷的巨大风口：在王京以及许自强同志的带领下，众人毫无形象地向前!向前!向前!

李明儿说：
大家好！~很高兴我来弄这次赴美爆料板块~哈哈哈(残暴的笑容)当然，爆料的前提是有料可爆。这次赴美的一行七十来人，果然也是不负众望地制造了众多笑料！~到底有多搞笑呢？请看这次由我为大家带来的

赴美之行大爆料

编辑：李明明

诸多美好的回忆　那段日子
在传说中有着草裙舞环绕的Hawaii
我们　很囧很happy　当然我们也很充实

在夏威夷大学与我们的老师——来自西点军校的大帅哥的合影~

陆晓辰 & 焦子豪：看！传说中的如来神脚！

某天在夏大上课。注意焦子豪的表情＝＝#

李明明与熊丹睿的对殴场景……百年难遇 O(n_n)O

仍旧是在夏大。我说焦同学你真是左边说完右边说啊

李硕伟和李青蓝在风景如画的夏威夷某悬崖准备"谋杀"路虎 & 土豆小朋友

在夏大上课。注意李青蓝，丁宁以及生昇的纠结表情

在夏威夷我们充实且快乐着。
O(n_n)O

81

五花八门篇

一路上 我们 开心地笑着闹着
留下诸多美好。

在DISNEYLAND；我们的面部彩绘！注意表情（哈哈哈哈哈…）

去过了DISNEYLAND我们才知道，原来夏民丰就是这么被刘博远残暴地"杀害"了。所以，刘博远出没注意……

在巴士上，李心瑞小明友因为太过点背，被罚大冒险：摆出恶心姿势若干。(哈哈哈)

刘木凡&焦子豪同学的睡相大PK！旅途的劳累让这两个如此健硕的人都酣然睡去了！

火鸡腿大PK！请注意陆晓辰同学手握火鸡腿的那种革命般的表情！(笑)以及徐伟恒同学"火鸡腿在手茫然无忧"的天真无邪的面孔！

想要扔垃圾，垃圾却卡在了垃圾桶的口上嗯，刘博远同学你人品真好……

> 爱心公社

我是家里的一份子，我是社区的一份子，我是这个城市的一份子，我是这个国家的一份子。

关爱他人，关心社会，我们义不容辞。

83

愛與希望

——愛心社貴州行

这是爱心社第6次贵州行。6这个数字似乎在我们眼中是个吉利数，事实也的确如此，这次贵州行并没有遇到像上次贵州行的大雪灾害。而出行前，有人听说贵州那边在发洪水，后又经过打听，遵义那边没有洪水，而且有的地方也不严重，所以我们很放心地踏上了这第6次的贵州之行。这次贵州行可谓是一切顺利，活动丰富而且井然有序，行程中充满了欢笑。这次贵州行我认为是非常非常成功的一次。

7月6日

7月6日是出发的日子，我们于晚上10:20乘坐1219次列车从北京西站前往贵州遵义。说这次是顺利的旅行，这从一开始就反映了出来，也许是因为这个时期还有很多学校没有放假，并不是暑运高峰，当天路上又不堵车，所以在约定的集合时间前，我们这次贵州行的17个人(17个人，是贵州行史上以来人数最多的一次)就早早集合好了：社长(江潇洋，鸡眼同学)，王一川(川哥)，常贺，刘楠，谭沛怡，姚媛，王雨豪，王世莹，黄慧朦，苏茗曦(苏苏)，夏乙旗(黄瓜姐姐)，陈冰洁，赵艾丽，兰天，王瑞琪，还有川哥的表哥康森(我们都叫他森哥，旅行中惟一的80后)，再加上我(张亦钧)。

7月6日，第6次爱心社贵州行拉开了帷幕。

7月9日

这一天我们要去后田小学。在去后田小学之前，来宾馆接待我们的是遵义市总工会的刘阿姨。她是一位和蔼可亲的阿姨，每次贵州行的吃住及行程都是她安排的，我们当中和她熟悉的喜欢叫她腊梅阿姨。

后田小学是这次贵州行的第一个点。后田小学位于遵义的深山区，行驶了近2个小时的山路后，我们又徒步走了大约十分钟，到了这个典型的深山区的贫困小学。后田小学的小学生们早已在门口迎接我们，嘴里喊着："欢迎!欢迎!热烈欢迎!"后田小学建在半山腰，很小，一进门三面是破旧的瓦房，中间有一个篮球场大小的操场，两旁各摆放了一个破旧的木制篮球架，整个小学看着十分简陋。我们到后，就是一个简短的仪式，学校里没有音响，在仪式上发言的人都是靠嗓子喊的。在仪式上，爱心社向后田小学捐助了4000元和一些文体用品。仪式结束后，我们就和后田小学的小学生们玩了起来。在此之前，听说后田小学的小同学们特别害羞，果真如此：仪式结束后，大多数小朋友都躲进教室，在我们这些陌生人面前，

他们很害羞，于是我们也走进教室，跟他们做起了游戏，靠近他们。渐渐地熟悉了，他们才一起出来到操场上来玩。

我们陪他们打篮球、跳绳儿、玩老鹰捉小鸡、贴人。小朋友都非常开心，在他们当中，有很多人都极有运动天赋。其中有个小男孩，投篮神准，百投百中，我们都管他叫"乔丹"。在后田小学，与小朋友们"疯"了近2个小时，我们才依依不舍地离开。他们的状态也从一开始的害羞，渐渐变成到我们走时的不舍。走时，我们把自己的联系方式留给了这些可爱的孩子。

7月10日

这是来到贵州的第三天，我们去了另外一个深山里的贫困小学——仁江小学。也是在深山里，依然坐了近2个小时的车，同样也有小学生在校门口迎接我们，也一样有一个仪式。我们向仁江小学捐助了爱心社以收、卖瓶子得来的5000元钱。作为感谢，仁江小学回赠了爱心社一块匾额。仁江小学的校园环境明显要比后田小学好得多，处处可以看到我们前几次捐助的东西，比如一进大门两旁崭新的蓝球架，杆上写着"爱心社捐助"的字样。还有我们前几次来这里捐助建立的爱心书屋，爱心书屋里有满满的一柜子一柜子的书，这些书让山区的孩子们更加了解外面的世界，拓展知识。仁江小学的小朋友们明显要比后田小学的小朋友外向得多，一见到我们这些从北京来的大哥哥、大姐姐都特别高兴，呼啦啦地都跑了过来，把我们围了一圈，让我们跟他们一起玩。一"疯"起来，时间就过得很快，一会儿就到了离开的时候。离开的时刻总是最难受的，孩子们对我们依依不舍，有的哭了，我们告诉他们：我们明年还会来的……

7月11日

这一天去孤儿院，是这次贵州行的最后一个活动，看望当地一些残疾的孤儿们。我们在去的路上买了好几大包他们爱吃的零食。对于我来说，这几大包零食够我吃一年的了，可到孤儿院，这几大包吃的一会儿就被消化了。我看到孤儿院几乎都是女孩子，一打听才知道，当地重男轻女的情况严重。在孤儿院的孩子们大多都是身患残疾，初见到我们时，她们是那么的害羞，眼神却又显得兴奋。她们的一言一行都给我们一种奇特的感受，自己都不知道的感受。我觉得当一个人给别人以快乐时，自己会更快乐。她们一个个年龄那么小就没有了父母，见到零食，兴奋得大叫。她们之中，也有很多身患重病的孩子，也许在这世上活不过些日子了，但她们自己并不知道，她们一样会瞪大眼睛盯着你，与其他的孩子一样开心地笑，得不到玩具会哭，只是不知道自己身上发生了什么。

人的生命就是如此，只有你亲身走到、走近她们身边，你才会感受到、你才会发现还有这么多的孩子没有爸爸妈妈的陪伴、没有亲人的照料。她们渴望被好心人认养，等待有人走进她们的生活陪他们玩，给她们喂好吃的，给她们玩玩具。身患残疾、缺少关爱的孩子们，她们等待着好心人捐钱帮助他们治病，有人真正用心去关爱她们。

我想，我也只有亲自来到贵州才会感受到这一切。这也许就是为什么我们要亲自来到后田小学，来到仁江小学，来到孤儿院，而不是只把钱汇给他们。我们能给他们最大的帮助莫过于亲自把我们的爱心带给他们。我们的爱心只有在我们的亲身行动中，在他们心上才会闪闪发光。我们的行动可以让后田小学、仁江小学、孤儿院的小朋友们知道：社会是充满爱心的，有一批人正在关心他们、关爱他们。他们笑容也是我们的动力，是我们每次在学校辛苦地收、卖瓶子的动力来源，虽然我们的微薄之力不能彻底地改变他们的生活，但我认为用心才最重要，视爱心为一种信仰，热爱并坚持！

"贵州行"的那些天

属于我们的贵州行，
不仅让我们给贵州的孩子们送去了温暖，
更让我们内心也涌出暖暖的感动。
他们的笑容，他们的一声声"哥哥姐姐"，
都让我们铭记。

北京，对于这些大山里的孩子们来说就像是一个圣地。

这是一个学前班的女孩，我们走的时候她远远地看着我们。她的后面是绵延的大山，与她瘦小的身影形成了鲜明的对比。

当问到一个六年级的小学生毕业之后怎么办时，他很伤心地说他会回家种地。

山中的女孩中也不乏小美女呢。

社员和孩子们结下了深厚的友谊。

回去的时候，车子坏了，我们之后徒步走出大山。学校里的孩子们很多都要每天走4个小时去上学。

在贵州工会的安排下，我们到学校旁边的农家吃饭。这样的饭菜是他们连过年都吃不到的，一般都是在办喜事的时候才会吃到。真的觉得我们平时所做的还是不够。

临走的时候,那里的孩子们恋恋不舍地送我们上车。

在路旁夹道欢送我们的小学生。

回来之后,很多同学还会和这些小学生有书信往来,尽管邮递员每两个月才会到他们那里一次,但我们的爱心链条并没有断。

那里的小学生中有很大一部分都是留守儿童。

愿我们的祖国繁荣昌盛。

那里的孩子们真的很渴望读书。

留学攻略

2010年底，美国国际教育协会发布《2010门户开放》报告。报告指出，2009－2010学年，中国首度成为美国的最大留学生来源国。高中生留学，更是渐成为一种潮流……

从中国高中到世界大学，你考虑好了吗

Q1：首先，为什么选择出国留学？

王子璇： 当中考结束拿到了高中录取通知书的时候，我觉得如果在北京上学的话，在北京继续高考、上大学、在这工作，很多事情都是可预知的了。我想要体验一种充满了许多未知性的事。加上我之前去过很多地方旅游，我对其他国家跟中国不同的文化非常感兴趣。所以就决定要出国。于是我就来到了这里上学。我觉得可能很多人都是因为这些原因。

柳朝成： 我当时想出国有两个原因：一是因为我一个表哥靠自己的努力考进了卡耐基梅隆大学计算机系。他的事不仅影响到我自己，也影响了家里的长辈，于是我爸就建议我来这里尝试一下出国留学。另外一方面是我自已也看到了最近几年中国人的就业压力越来越大，失业率也越来越高，所以我开始思考出国可不可以给自己一个更好的机会，也能巧妙避开那种强烈的市场竞争，可能会有个更好的前景，同时也能自由地发展自己的兴趣。

徐伟恒： 我当初选择这里的主要原因就是因为如果在中国高考的话压力会比较大(笑)。不过现在觉得在IB学习也不是捷径。曾经想像国外的教育模式应该比较轻松，但来了之后发现，在学校得要完成一些课，还要考托福、SAT，要学好也挺累的。来这里的第二点是也比较想在国外读书。像一些大学比较适合我，自由些。

Q2：专业或者目标是什么？以后想去哪个国家？

王子璇： 我是比较贪心的那种(笑)，我报了三个国家。加拿大、美国、英国都报了。报加拿大是因为我父母的意思，他们比较喜欢安逸一些的环境；我自己更喜欢美国那种多元化的文化氛围；英国是当时去过之后觉得那里的学习氛围很浓厚，也很喜欢。现在经过比较我还是更喜欢美国多一些。我觉得美国是各种各样的人都有，相比于

其他国家有更多的机会；而且，因为我学的是心理学，我就比较了一下。我觉得不管在研究成果上还是教学质量上美国都比其他国家要更先进一些，所以我还是选择美国。

柳朝成：我直到高二还在愤慨地准备着SAT(笑)，大家还是想要去美国的多吧。我会选择加拿大是由于大家选择国家和学校还是跟自己选的专业有关吧。因为想学医学方面，了解了一下，目前的状况是：奥巴马在就业方面安排美国当地的学生优先就业，国际学生先搁在一边。对于医学这种敏感的专业，尤其会先把美国学生放在应该有的位置上，几乎不让外国学生学医的，所以我就选择了加拿大。而且学医至少要六七年。加拿大的学费可能会便宜一点。可能研究生会再去美国，这样家里的经济压力也会少一点。

徐伟恒：我觉得我应该也会去美国。就像学姐说的，比较多元化。

Q3：选大学注重专业的问题吗？

王子璇：选专业对于每个国家是不一样的。像美国本科基本上都是看排名，因为其实一个大学综合素质好了，它各个学院的质量都很高。到研究生的时候再具体到你的专业。但像英国和加拿大的学校就不是，他们各个学院之间的差距会比较大，所以在报本科的时候，就得先确定下来自己的专业。所以先确定好自己想考的国家，然后根据这个国家的情况去选择是以排名优先还是以专业优先。

柳朝成：我主要说一下加拿大吧。加拿大不像美国，有几百所学校，有好的有差的。加拿大是比较平均

的那种。我觉得如果选择的话还是看专业排名比较好。

徐伟恒：我不太了解。

Q4：怎样选择自己的目标专业？

王子璇：如果专业一开始没有确定下来，报美国的文理学院就挺好的，因为它涉及的方面特别广，从理科到文科，基本上所有的基础专业都会涵盖上。而且很多大学都非常自由，可以去跨学院学习。我可以学习文理学院的东西，同时还可以学商学院、医学院的东西。只要你有那个精力，你都可以在大一大二时间特别多地尝试各种专业。到大三再确定自己的方向。要是有那种方向很明确的人的话——像我就是在高二的时候就决定学心理学了，就可以根据专业排名来，像我就是根据这个心理学的排名来选的。我觉得这样就会更有针对性一些吧，不会太泛。

柳朝成：如果你去美国的话，你先确定一个大方向：比如说你要学经济，你就选择到一个经济学比较好的系里面，到时候如果你又对其他的科感兴趣，比如说传媒，因为美国比较自由，你可以随便地换。但像加拿大就不一样的。你在换系的时候你必须要拿出非常好的成绩。所以想去加拿大的同学就要尽量确定自己的大方向。

徐伟恒：我也认为你得先确定你是一个什么样的人适合什么样的国家，再选择去什么样的大学。

Q5：你认为大学教育对我们而言主要是学术水平上的提高、人际关系上的发展还是职业技能的培养？或者是其他东西？

王子璇：我觉得上大学最重要的还是要多去体验一些东西，超越学术的东西。对于美国大学的理解，我觉得学术占一半不到，很多时间是用来拓宽自己的视野和社交圈的。从电影里我们也可以看到在大学的机会是非常多的，你可以只有很少的知识但是你一定要有很广的人脉和一个很活跃的性格，这样你

做很多事情都会很顺利。像美国很多大学都有出国交流项目，这说明他们也很重视多元化的发展。在学习的同时也是在体验，你看得越多你就越清楚自己应该站在一个什么样的位置上。我觉得这是很多大学培养人才最重视的地方。

柳朝成：我在选择大学的时候，除了学术，我会考虑选择比较多元化的大学。在我申报的这几个大学里面我最想去的是麦吉尔大学，因为它所处的地区有两种官方语言：英语和法语。当地的文化也是法国文化跟加拿大文化的完美融合。比如说那里教堂都非常有文化气息。我觉得在课余生活里体验这种法国、加拿大、中国和其他各国之间的文化差异是一件很好的事情。

徐伟恒：我觉得上大学对我而言，不仅学习重要，其他也很重要。到美国跟别人交流，各种各样的人都有：墨西哥的，黑人啊，白人啊，最重要的是要学会跟不同国家的人去交流合作。到以后，反正我觉得我不是一个人单干的那种，在大学就应该培养一种融入大学及社会的能力吧。

Q6：对于自己在的城市(环境)有没有什么要求？

王子璇：其实我挺重视环境的，因为如果你连这一块地方的环境都不喜欢。你就根本不能安心地在这里学习，或者喜欢这里的生活，所以选大学的时候，我第一看重的也是环境。环境方面的话，包括地理环境、交通、天气、治安等都会考虑。

柳朝成：我的考虑可能就跟她不太一样，因为我可

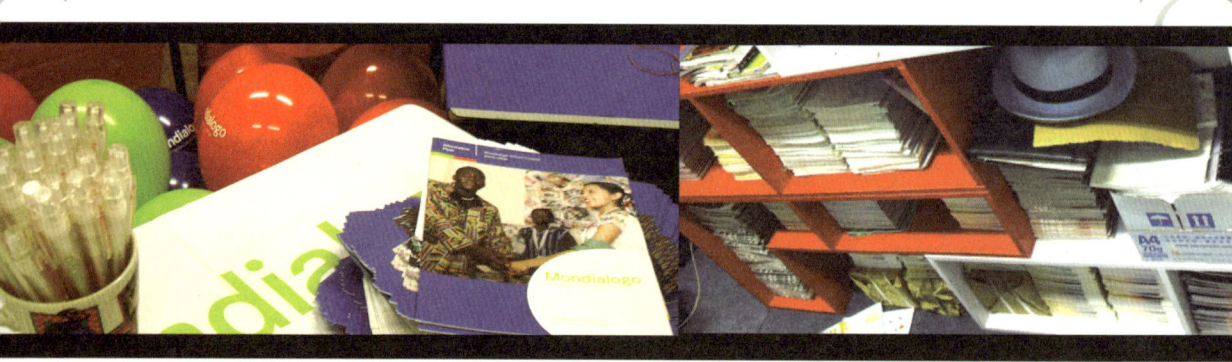

能考虑学术的东西更多一些。比如多伦多跟麦吉尔相比，多伦多更靠近市区，有点像美国纽约的那种感觉。气候也比较好一点；但麦吉尔绝对是加拿大氛围最浓的学校。再说它里面有很多IB学生，应该是加拿大最多IB学生的学校。虽然麦吉尔周围环境挺恶劣的，跟多伦多比不是特别的好，但在我心中那种学术氛围超越了地理环境和气候环境。

徐伟恒：我比较喜欢大城市，比如洛杉矶。玩的东西比较多，人比较杂。

Q7：会特别考虑治安吗？美国大学总是有很多惊悚的传闻，比如说像哥伦比亚的学生会主席在几个月前走过黑人街区时被抢劫，在逃跑时被车撞死；弗吉尼亚大学曾发生过两起著名的由亚裔学生引发的枪杀案……会担心这些吗？

王子璇：其实我挺喜欢看这些新闻的(笑)，但你不能因为这个就对这个地方产生恐惧，毕竟，最好的大学通常都在最乱的城市。这种事情哪个地方都会发生，只要自己注意好自己的安全，不要去做太多危险的出格的事情，就不会出事。

柳朝成：我觉得加拿大应该还是挺安全的。如果有一个女生要从图书馆回到宿舍，打一个电话一堆人就会护送她回去，但像美国就不会这样。再说美国的文化差异相对于加拿大更浓郁一些，黑人白人黄人他们都在一块，有一些冲突是难免的。每所学校都不可能完美到完全安全，还是选择自己喜欢的学校重要。

徐伟恒：听到这些消息的时候自己也会想，以后不去那学校，那学校有枪杀(笑)，但过了一段时间后就想应该不会发生在我身上吧，就过去了。

Q8：在美国文化差异是无法避免的问题，如果交不到朋友怎么办？

王子璇：我觉得这跟个人性格有关，如果你性格开朗，无论你在哪里都可以跟各种人磨合，迅速地适应那里的环境。相反如果你把自己封闭起来，生活

在自己的小空间里,你的生活也会很单一,因为你的朋友太少、交际圈太小。只要敞开自己,总还是能找到朋友的。一开始可能会有不方便,但过了磨合期之后,当你看见你身边有各种各样的人种的时候,你就会觉得是理所当然的,就可以像在中国一样跟大家融合在一起。

柳朝成:如果总是觉得自己跟外国人之间不能达到最好朋友,那么骨子里就还是国内高中弥漫的那种气息,不愿意敞开自己的心扉跟别人去交流,用更多的时间去学习,很少的时间来了解这些文化一类的,因为总觉得这些文化的东西比不上成绩来的重要。但是我觉得作为IB学生这几年下来,并且加上有社团活动,我们应该不会是很孤僻的那种,应该比较能适应。

徐伟恒:我原来看过一部电影叫《撞车》,讲的就是人种与人种之间的冲突。刚开始看的时候就想不要去美国了,但最后这片的结局还是好的。我对交朋友还是比较乐观的。只要我们不给自己设坎,中间也许会有不顺,但最终还是会磨合好的。

Q9:学校的声望对你的选择有很大影响吗?

王子璇:那看你要声望还是更重视实质。但主要还是要看自己,父母了解的不如你多。声望是用钱堆起来的(笑),这在排名里占很大一部分。

柳朝成:声望会影响吧。家长基本上都会看声望。

Q10:你认为留学生和在国内读书的人相比,工作上优势或者劣势在哪里?

王子璇:我觉得优势大于劣势吧。就不说知识上的,就是你自己。出没出过国的人从个人气质上可以看出来;当然那种出国光学习的,就只是换个环境还是那样学习,他只是接触那些知识而已。再说,出过国的可能会比没出过国的更成熟一些,更容易接纳其他事物。劣势的话可能就是基础知识不是很扎实,再有就是也许自诩海归心气太高会妨碍就业。

柳朝成:我觉得基础知识不一定就不扎实。在中国学业是高中紧大学比较松,而在国外就是高中松,而大学会很紧。

Q11:考虑要回国发展还是留在国外?

王子璇:我是一定会回国的。我会先在国外工作几年,积攒经验,然后再回国,报效祖国(笑)。因为在现在的发展阶段,国家也需要心理学的人才。

柳朝成:我觉得应该会在国外吧,不过这个也和选择的职业有很大的关系。因为我的职业在中国跟在国外完全是两个概念,在中国就是很累很累,在手术室做十几个小时的手术一个月也就赚几千块;但在国外的话,会有更好的发展。

徐伟恒:我觉得我也会先在国外工作几年,再回国。你要是一毕业就回国,虽然是留学生,但是没有工作经验也不容易找到好工作,要是先在美国锻炼几年就会好点。

Q12:会很关注目标学校的毕业率吗?会不会担心能不能毕业的问题呢?

王子璇:我其实没有考虑过,但我知道有一个学姐,她当时是考上了西北大学,当时还有纽约大学可以让她选,但她选择了西北大学。她现在就觉得特别地累,就有些力不从心的感觉。她现在就在考虑要不要转学。

柳朝成:我觉得最好不要转学。我那个到了卡耐基梅隆的表哥就经历了很痛苦的时期,但是毕业以后觉得很值得。也看你选择什么样的生活方式,要不要付出那么多。

SAT·SEASON

STA 香港考试贴心密笈

小编的话

之前说了，那么多关于SAT的介绍，那都是纸上谈兵，12月3日本小编飞赴香港参加了12月5日的STA考试。对于1月份要考的诸位来说，关于如何答题，如何考试我想不用我来讲。在这里我想跟大家分享一下考试经验。希望能对你有帮助……

从报名开始

我们就从报名说起吧。SAT的报名是在College Board的官网（www.collegeboard.corn）上进行的。你需要注册一个用户名然后点"Regist For A Test"报名考试，报名时要准备好一张VISA卡用来付考费。如果你是自己去考试，选择考点的时候一定要注意考点周围的住宿和交通是否方便，可不要光想着周围有没有街逛，有没有好玩的方法哦！

名报好以后把Admisson Ticket打印出来，一定要收好。你可以多印几张，防止丢了。这个时候你还可以订一个著名的"每日一题"服务。

顺便说一句，小编我是跟团去考试的，所以报名啊、订酒店啊、订机票啊这些事就不用我操心了。而且考试那天早上还有人给你定Morning Call，有人给你买早饭。你只要专心准备考试就可以了！强烈推荐大家跟团去考试哦！

注意：注册时的真实姓名一定要与证件上的一样，你可别把英文名写上去啦！

准备工作

出发之前就要打点行装啦，那去考试要带点什么呢？咱们来参阅下 Admission Ticket 上的要求吧。

1. Your SAT Admission Ticket.
2. Acceptable photo identification. (这个用港澳通行证就可以了。我还拿身份证给监考大叔看，他不理我……)
3. Two NO.2 pencils and a soft eraser. Mechanical pencile are not allowed.Pen are not Allowed.(2号铅笔其实是HB铅笔。但是为了以防万一带2B铅笔比较保险。再有，2根笔我觉得不够用，我带了12根。你想啊，万一你摔断了一根呢，万一你觉得把头磨圆了不好写作文了呢，万一你发现周围有帅哥/美女没带笔想借他/她一根献殷勤呢！所以笔这个东西宁滥勿缺！）
4. A calculator for the mathematics section. (不要觉得自己了不起就不带计算器，考试的时候没有人看你有多潇洒，题做错了吃亏的是你自己！不少人用TI-84，我觉得那个太沉了，就带了初中时用的卡西欧。)
5. You may bring Snacks.(瞧人家ETS多体贴，还告诉你可以带吃的。休息时间只有5分钟，你也别想着要大吃特吃。带一小瓶矿泉水，再带点能补充糖分的东西就可以了。本人不推荐士力架，那个吃完了甜得难受。)

我带的是这个东西我觉得挺好。北京卖4.5左右。香港卖10块多！→

到达以后

　　一定要提前到达几天适应一下环境、时差什么的。你可别到了就激动得睡不着觉,考试那天早上要起很早,所以考前几天都要早睡早起啊。

　　一定要带手机去!我本来就是打算到香港买IP卡用酒店的电话往家打,结果发现在当地买移动的SIM卡往北京打加拨00186只收市话0.25每分钟!所以一定要带上手机,买个号以后也可以用。

　　香港吃的东西挺贵的,我买了6个天津产的非常难吃的梨花了10港币。零食什么的也都很贵。多从北京带点过去。

　　大家普遍会提前一两天到达,在宾馆里复习,我的老师建议我到了那边就不要再做题了,建议背背单词提高词汇题的得分率。所以我认为不用背OG去考试,带上词汇书,带上总结的作文例子,考前几天背背就够了。

考试 ing

　　经过了各种培训班和各种真题的千锤百炼,考验你的时候终于到了!考试的日子终于到了!考试前一天晚上,把要带的东西准备好:铅笔、橡皮、证件、Admission Tickets和计算器。当天早上早早起床,利利索索地奔赴考场,不必紧张,平常心就好。

　　本来我还抱着去考场顺便看香港帅哥美女的心态去考试,结果在候考的时候我发现坐在周围的全都是说着标准普通话的大陆人……这么说来你不用紧张,眼下和你竞争的都是和你水平差不多的大陆学生,大家都是一样紧张没什么可怕的。我去的考点比较悲惨,候考的地方在学校的一个长得像大型自行车棚一样的食堂里。我们早上7点多就到了,冻了半个多小时才进考场。夏天的时候考场里可能冷气很足,所以无论你是冬天去还是夏天去考试,无论白天天气有多暖和,去考试时都要多穿点衣服(最好是易穿脱的衣服)。

　　考试时的座次在门口都会张贴出来,记好自己的座位号就可以对号入座了。坐下以后把证件和Admission Tickets放在桌子上,会有人来检查。

　　我们的考场是在一个大礼堂里,大概有两百多名学生。舞台上坐一个老师说话,还有几个监考老师在场内走来走去。本来我挺紧张的,怕我答题纸封面上的信息填错。但是后来我发现舞台上的老师"话特别多",她会一步一步地带你填每一项信息,桌子上还有一份Sample Form让你参考着填。那个老师说了好久的话,一遍一遍地重复着考试纪律,虽说很烦但是我发现她让我不那么紧张了!

　　开考之后要注意考试时间,应该会写在黑板上。一切时间以老师的表为准,所以要事先和考场里的表对一下时间。前7个section各为时25分钟,section8-9有20分钟,section 10只有15分钟。前6个section每两个期间有一个5分钟的休息,最后4个section一气呵成。休息的时候一定要站起来走动走动,出去透透气,当然最重要的还是解决排泄问题。我人品不错,坐在从门往里数的第二排,所以每次休息我几乎都是第一个冲进卫生间的人!哈哈~考试之前一定要勘测好地形,找到卫生间的方位!

　　总之,我觉得12月是非常适宜去香港考SAT的时候。气候适宜还能赶上圣诞节的购物季。希望我的一些经验能为你带来帮助。

NO.7 玩家达人

我型,我秀,我玩,我乐——我就是玩家达人。

中学生生存技能手册

马文天
砍价小达人，据本人说砍价能力来自于初中帮班级买东西时一次又一次的实践……

彤昕
砍价天后，为健美操社买衣服一事让大家充分见识到了她的砍价功力，绝对有一张三寸不烂之舌……

夏天又到了。时尚的衣服，漂亮的包包，舒适的鞋子……相关的东西简直不能用一个"多"字形容！可怜我可爱的钱包啊~于是，为了生存下去，我想爱美的大家和小编一样，必须懂得四个字：讨价还价。为此，小编特别找来了砍价高手，好啦，话不多说，让我们看看她们的"讨价还价"之道吧~

PART1 砍价达人 Q&A

讨价还价大攻略

（以下"记"代表《超级90后》记者，M代表马文天，T代表彤昕）

记：记得竞选管理班长的时候，你说过你好像比较擅长砍价这方面？

M：还行吧……只是自己有点经验……

记：给大家推荐一些shopping砍价的好地方吧。

M：买衣服到五道口比较好，西单明珠也不错；纸啊，文具之类的首推官园；包和饰品去天意吧。

记：你喜欢砍价么？用电影里的一句说，"这事就那么有意思啊？"

M：不是特有意思，反而有点压力。

记：那么来到学校之后，你总共为班级省下大概多少钱啊？

M：为班级买过4次东西，省钱方面嘛，总计不详。

记：为我们读者说说你砍价的最大心得吧。

M：首先要确定能砍价的地方，一般就批发市场这一类，然后有五个小诀窍：1. 衣服要按一半价砍；2. 买小东西时先小砍然后总价大砍；3. 针对不同的商家要用不同的方法，要是卖家非常坚定就软磨硬泡，如果对方是和蔼温和型的话那自己就要十分坚定；4. 不要表露出自己想买，卖家如果说"加点加点"的话一定要否决，因为就算这样卖主肯定也会卖的；5. 不能砍价后不买，所以决心砍价的话就一定要买。最后想提醒大家，不要只注重价格，东西质量也是很重要的。

记：感谢马天儿，受益匪浅。

M：不谢。

记：那么你砍价方面的技巧是如何提升的呢？还是说你天生就是这方面的高手？

T：我想还是要多多练习，有了经验也就能砍得更好，不过需要注意的是砍价的时候一定要放得开，不要不敢而要尽全力。然后一定不能流露出来自己特别喜欢这件衣服，因为这样你就会处于很大的被动；而且记住货比三家，先找一家砍砍看什么样的价格能拿下，如果很轻松就砍到一半的话就找个借口不买了，然后到另一家按三分之一砍……这样肯定能拿下啦……

记：来到高中之后，是哪次活动让大家见证了你的砍价实力呢？

T：记得是为班级买健美操服，一次买了几十件，本来要花800左右，但我们最后一共省下了300元左右。

记：你砍价的时候会觉得难为情吗？反正我会……

T：不会，我会砍到让卖主难为情！

记：那你有什么特别的心得和体会想告诉大家的呢？

T：有以下几点吧：1. 也是先砍一半。2. 看看店家的态度，如果店家就是不屑一顾的态度爱答不理的，那就没必要和他磨叽，如果店家比较好，那自己也会舒服点。3. 最好大家一起去，众口总也抵得过自己一个人。

记：最后给大家推荐几个购物的好地方吧……

T：买衣服的话有两个地方不错，一是五道口：款式多是韩版，而且价格不错，但店面比较分散。二是隆福寺：虽然不是很好砍价，但是东西的质量不错，学校经常有活动，女生们如果需要礼服可以去那里，礼服大概700—800一件，但不可以租。如果买饰品我推荐新世界商场的青春馆，那里有些小店，可以砍价。如果要给朋友或者心仪的人买礼物，那么西单77街、华威都是不错的地方，东西不贵而且时尚美观。

Interview-朱凝 Text-朱凝&葛梦薇 Photo-葛梦薇

PART 2 高手示范ing（以下M=马文天，卖=卖主）

1. 找理由砍法
物品：项链
要价：48元
成交价：30元
卖主类型：油腔滑调型
M：这条项链多少钱啊？
卖：48块。
M：便宜点吧。
卖：（笑嘻嘻地）美女，这已经是最低价了，不信你去别家看看，都没有这款！（说着给小编戴上）多好看啊！
M：叔叔，你就便宜点吧！（第一个理由）您看您刚开店，我们可是第一个客人，算是帮您招揽人气了，就当帮你开店了，就便宜点吧。
卖：好吧好吧，看你们是学生，就便宜一点吧，37最低了。
M：（第二个理由）叔叔，和你实话说了吧，我们这是帮班里买服装秀的东西，是有预算的，不能超支。你看我们跑这么远帮班里买东西也不容易，再便宜点吧。30吧，好不好？
卖：算了算了，30就30吧…
（砍价成功！！！）

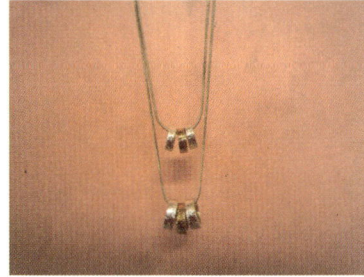

2. 坚持不加砍法
物品：耳坠
要价：30元
成交价：18元
卖主类型：温柔和蔼型
M：这耳坠挺可爱的，多少钱啊？
卖：（细声细语地）这对啊，最低只能给你30，这可是韩国进口的，现在正流行呢。你看这个款式，还有做工，多精细啊。你知道吗，现在好多韩剧里的女主角都戴这种款的，多好看啊（以下省略n字）……
M：嗯，好看是好看，但你这价钱太贵了，减点吧！
卖：好吧，那就27吧。你看这么好的东西……
M：不行，这还是贵。
卖：那你觉得什么价合适？
M：15吧。
卖：不行，太低了，我们都不赚钱了，你再加点。
M：18。
卖：20吧，你也不差这两块钱啊。
M：你也不差这两块钱啊，不卖我们就走了。（这招百发百中）
卖：好吧好吧，就18吧。
（坚持就是胜利）

3. 失败案例
物品：鞋子
要价：68元
成交价：68元
卖主类型：自来熟型
失败原因：买家表露出十分想买的表情
M：这双鞋不错啊，多少钱？
卖：68，我这刚开店，这是最低价了。
（此处被店主抓住先机）
M：你先给我试试吧！（说着把鞋穿上了）有点大，不过挺好看的。
卖：就是，穿着挺洋气的，而且你看这鞋搭什么衣服都好搭。（说着自己比划了一下，又放到小编脚旁边比划了一下）
M：（对着镜子来回照）嗯，挺好看的，能便宜点吗？
卖：哎，你们都是学生，真没给你们高价（又被她抢了先机）。
M：可是这鞋带怎么这么不好系啊？
卖：怎么系都行的，你看……（说着给马天示范了几种）
M：嗯，是挺不错，我回去可以把鞋带改造一下。（说出"必买"的关键句）
卖：那好，价钱你还满意吗？满意的话先交钱，我给你拿双新的，小一号的。
M：那好吧，68就68吧。（说着给了卖主钱）
卖：（眉开眼笑地）好，我这就给你拿去，帮我看一下店啊，有客人招呼一下。
（晕～还真是自来熟，真是被她打败了。）

4. 不减就走砍法
M：这T恤多少钱啊？
卖：红的90，白的60。
M：太贵了，还是算了吧。
卖：别，你先试试，合适的话我们再商量。
M：不行，我们不要了，这也太贵了，咱们走吧！（说着住店外走）
卖：诶，别走，你要是诚心买就回来，我们好商量。（我们又回来了，其实本来也没想走）
M：你要是便宜点，我两件都买了。
卖：那你说多少钱你满意？
M：两件90。
卖：这根本不可能，再加点吧！
M：不加了，就这个价，你不卖我们就走了，不买了。（再一次住店外走）
卖：（坚持不住了）好吧好吧，回来吧回来吧，给你们拿一件吧。
M：谢谢你了，以后会多再来的，会给同学推荐这里的。（含有蒙他的成分）
卖：好吧。
（这个是最成功的案例！看来"不卖就走"永远是制胜法宝～）

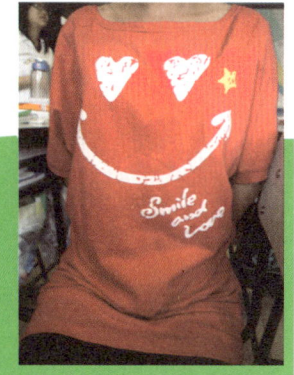

我常会想：如果可以多知道一些说话技巧该有多好！虽然我们从小就开始学习如何说话，可真正学习说话技巧的机会是少之又少。如果你也有同样的感觉，那就一定要好好的看看本期喔～！希望你喜欢～

不冷场，人气王的说话秘诀

亲手做的料理

甜到对方心坎儿里的赞美手法！

让人不原谅你都难的道歉秘籍

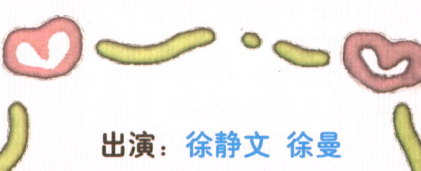

出演：徐静文　徐曼
　　　文俊永　李昂
栏目策划：CANDY 棠
执行总监：许博森
编剧：衫山美奈子
摄影：HAN 曦子

万无一失的委婉拒绝法

勤打招呼提升人气指数

轻声细语
打招呼可让对方敞开心房，语调应尽量温柔，若是态度过于随便，会让人家对你留下不好的印象喔！

随时随地
勤打招呼是一门很重要的学问，如果在校园里也能做到，必能使你的人气指数倍增。

〔我出去了。〕
〔请小心慢走。〕
〔我回来了。〕
〔不好意思借过下，不好意思。〕
〔我先回去了。〕
〔你先请吧。〕

主动出声
主动出声是打招呼的完美必杀技，例如在走廊上看到对方远远走来时，可以在彼此眼神交会时轻轻点头致意。

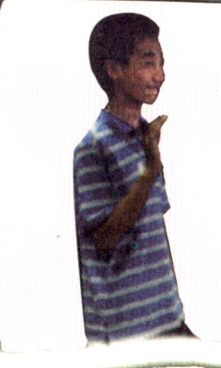

毫不犹豫
想必大家都有过偶然相遇、想打招呼却又不知该说什么才好的经历，其实根本无需多想，尽管主动上前打声招呼，至于接下来的话题就让它顺其自然吧。

交谈加分法一

促进交谈的加分说话法。

〔早安！〕
〔早安！雨停了呢！〕

"早啊！"

叫出对方的名字

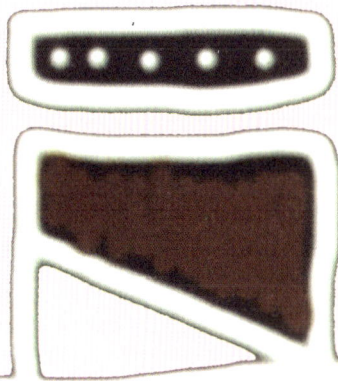

勤打招呼提升人气指数

交谈加分法2

带着笑容回答，可能会为你带来新恋情哟！

[请问这里有人坐吗？]
[没有，您请坐]

女主播的迷人绝招

双眼直视对方并且面带微笑的说：「您好！可是女主播的绝招呢！」

当对方身旁有他人在场

当你在路上巧遇某人，而对方身旁正好有他人在场时，到底该不该上前打招呼呢？建议你先观察一下情况，就算打了招呼也别拉着对方说个不停，不过也别只说了句「您好」就待站在原地和对方干瞪眼，如果遇到老师及其家人时，记得和对方的家人问好，顺便说句赞美的话。

开朗大方

如果对方精神饱满地跟你打招呼，你也应该开朗回应。例如语调轻快，提高音量，再送上灿烂的笑容。

调整音量

与不同的人交谈时，需配合对方调整音量。太过大声的话，不但会吓到对方也容易引起旁人侧目；不过，过度有礼貌的问候也会让对方不知所措，所以一定要弄分清时间、地点和场合。

颜·色

请你睁大眼睛，集中精力
换一个角度看世界
多么美好

钱明然
李明明
李明明
钱明然

瞬·间（摄影）

TIPS:

厌倦了一成不变的拍摄方法？为什么不试试从不同的角度进行拍摄呢？例如从腰部的高度拍摄，或从上往下拍摄等等。许多LOMO相机的拍摄快门速度较慢，按下快门将相机抛向空中（扔的时候小心点），这样，就能拍出意想不到的画面，带来与众不同的新鲜感。

艺术

ART, What's that?

为何物

（涂鸦）

或许，
你可以从这里找到答案。

杨铠豪

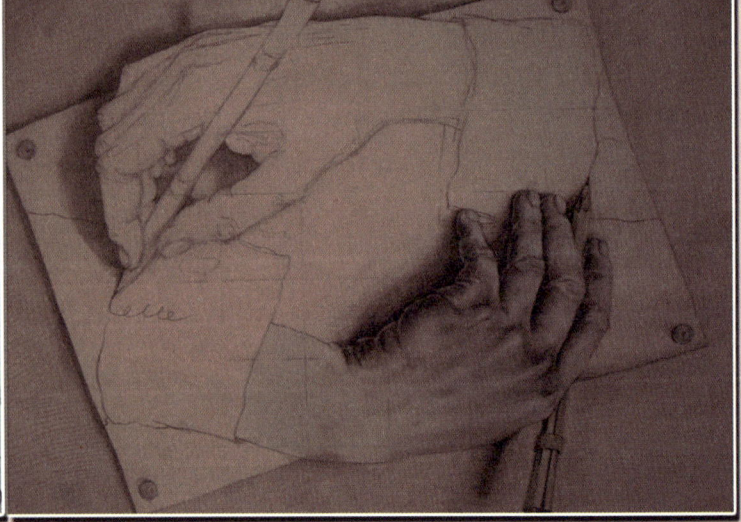

刘元丰

ART, what's that?
艺术为何物

韩京玫

刘博远

NO.8 新青年

我·们思想新锐，
热情开朗；
我·们独立自主，
个性张扬；
也许如溪水，
迫切地要奔向海洋；
也许如向日葵，
张开双臂要拥抱太阳。
我·们就是
我时代的新青年。

新青年文库·经典再造

名著名译
青春影像/时尚绘本

漫画书、偶像剧、最酷最炫的网游……
那些大厚本的老古董统统"奥特曼"了？
NONONO，大师曾经"新青年"，
经典名著亦引领过不同时代的青春和时尚，
还正在影响和塑造90后的新生活！
不信？！
来"名著名译青春影像/时尚绘本"看看，
看一群超级90后，如何把经典名著演绎成校园青春时尚剧：
大师写，90后演，大家读，
一起重读文学名著中那些个先锋和潮流的"新青年"！

名著名译青春时尚绘本

少年维特之烦恼

［德］歌德/著，郭沫若/译，刘坰/绘

 歌德自传体小说的"维特"，
塑造了德国狂飙突进时代的新青年；

 郭沫若翻译的"少年维特"，
影响了中国五四新文化的新青年；

 青春时尚绘本的"维特"，
演绎了超级90后时代的新青年——

一群中学生，试图从自己熟悉的校园生活场景和内心朦胧的青春期情感出发，将新课标必读的文学名著《少年维特之烦恼》改编和演绎为一部校园青春时尚舞台剧，在90后和郭沫若译作中搭起一座阅读、理解和接受的桥梁……

莫小艾（女，90后）——（饰）绿蒂
夏　奕（男，90后）——（饰）维特
肖堇桐（男，90后）——（饰）阿伯尔

111

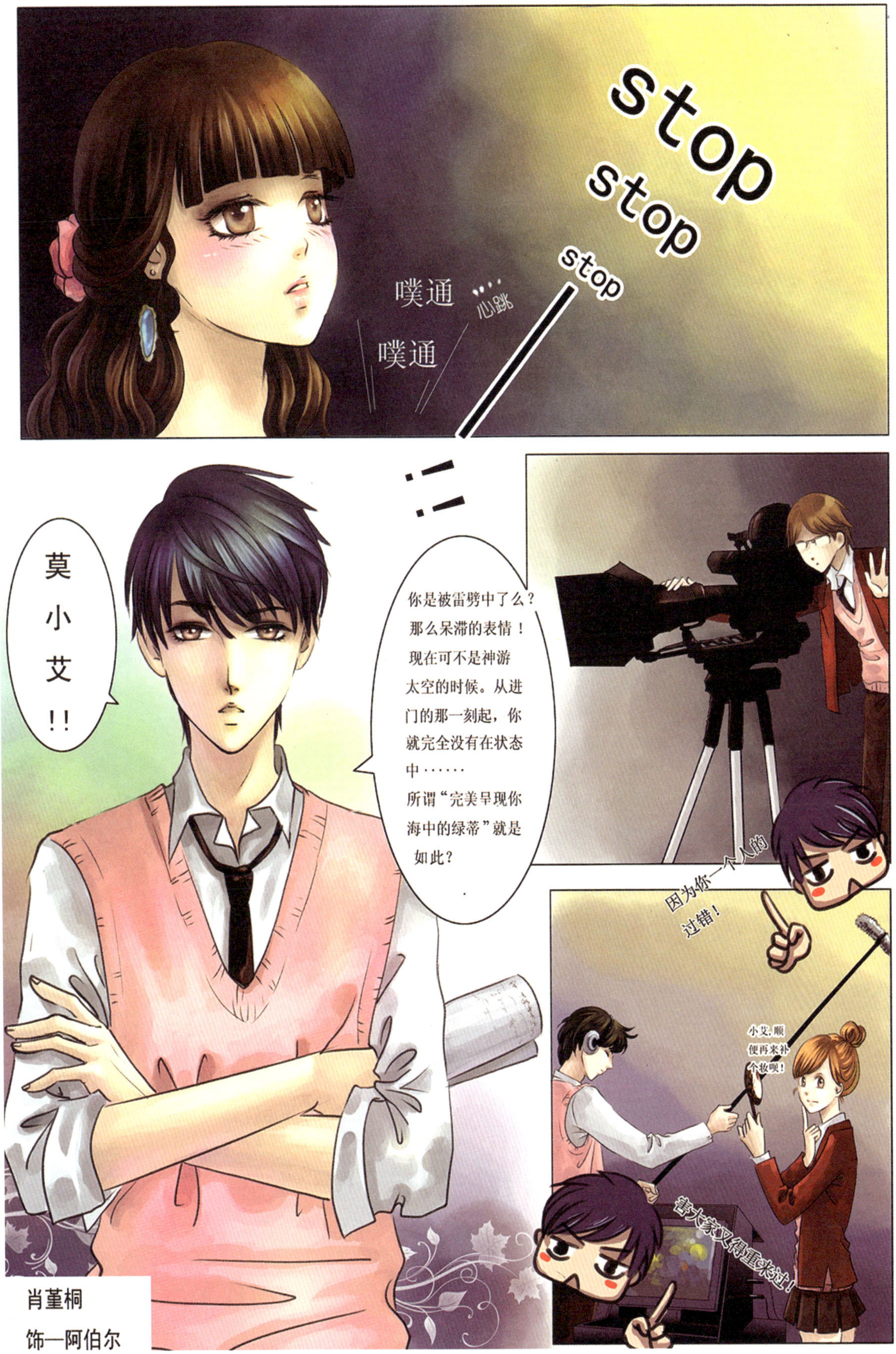

→ 超级90后·微群

90后的"10万个为什么"

90后问，90后答，大家评！

聚焦90后最原汁原味的思想情报，

寻找90后最关心、最热爱、最关注的10万个问题；

从生活、校园、亲情、爱情、友谊、人生观、价值观等方面，

采集90后最原汁原味的经典问答；

90后问，90后答，解读90后们的"10万个为什么"，

带领我们走进90后丰富而张扬的内心世界。

不论你张扬，不论你叛逆，

不论你另类，不论你……

在这里都能找到属于你的舞台。

大胆地讲出你最high的问题，

说出你与众不同的回答，

我们期待你的加入！

话题参与请到：

超级90后（微群）：http://t.cn/CaNBQP（新浪）

超级90后（小组）：www.douban.com/group/351246（豆瓣）

超级90后最High的365个问题（部分）

@小蚊哥：为什么喜欢火星文？
@红毛丫头：火星文，是我们这一代的专属文字啦。起个火星文网名，完全不用担心重名，用来写状态也"意味深长"啊。

@飞飞：为什么喜欢恶搞？
@绿茶：在碰见与自己无关紧要的笑点时，顺势发挥一下自己的幽默感，将其变得更加搞笑。

@双鱼座的瓶子：为什么喜欢自拍？
@茸茸：自拍成了我们的风尚，成了我们表现自我的一种方式。不要去嘲笑自拍的人爱现，有勇气有本事你也去现一个试试？

@黯淡迷歌：为什么喜欢一个人溜达？
@笑到哭：就是想要自己一个人出去走走。带上相机，带上钱包，背个小包，随意穿身休闲的保暖的衣服，随便找一处景点，搭上一列班车，就出行了。

@小浣熊：为什么喜欢小情调？
@没毒的蘑菇：突然想要去吃麦旋风，一人一口，还用勺子碰杯，再来一句"你是我的麦旋风么？"……
@卡卡鱼：总会突然有很多很有情调的想法，然后又一起去完成，在一起总会有很多快乐的点子啊，一起实现出来，那就更加快乐了。

@大毛球：为什么喜欢谈论星座？
@星儿："你是什么座？""摩羯吖"，"摩羯?!难怪会觉得你很亲切，我是处女座哎！""哦?!这么有缘分？我也觉得你很好交流。"

@超级大A：为什么喜欢说"随便"？
@艾未来：因为随便很随便！
"你想要吃什么啊？""随便！"
"今天去哪儿？""随便！"
"你觉得这事儿这么办成不？""随便！"

@你是我的孤独：为什么经常有孤独感？
@布鲁布鲁林：孤独是一种怎样的感觉？当你面对空阔的大地，却发现找不到其他的气息；当你想要去开口言语，却发现找不到人倾听。

@九月的心：为什么不反对师生恋？
@懒懒：老一辈的人会说师生恋是不伦之恋，不符合纲常伦理，可这都是老一套了，其实只要喜欢就好了嘛。感情就是一种自然的情愫，本就不会被拘束！硬是去反对一对师生恋情，有点太迂腐了，就。

@紫色蔷薇：为什么觉得不快乐？
@倾唱：神马的都是浮云啊，看开一点，该笑就笑吧！

@阳光一刀：为什么喜欢比？
@米米的加号：老爸老妈总教育我们要咋咋咋低调，不要去攀比，什么自然的才最美啊。可是我们似乎就是有这么一种天赋，对于漂亮的东西有着执念，也很敏感。走在大街上，扫一眼市场的衣服，再逛一下商场里的衣服，每次都会由衷感叹：贵的东西看上去就是好看一些啊。

@开到荼靡：为什么喜欢心理测试？
@我也不知道我是谁：其实就是想要通过心理测试多了解自己一些。想要知道自己究竟有什么喜好，适合什么样的人事，可以有怎样的前景，就是想给自己找到一条最佳的成长道路……

等你继续问，继续答——90后的"10万个为什么"！
新青年读物工作室将把收集到的问题和答案整理成书，陆续出版。

➡ 我·们和你

本期《超级90后》主创团队

6个中学生社团 ＋ **5**年策划编撰 ＋ **60**余名90后中学生合作 ＋ **1.5**年奋斗

＝ 这 **1** 本《超级90后》

- 栖迟杂志社
- Vanguard 报纸
- Gravity 报纸
- 草堂文学社
- 爱心社
- IB 电视台

未完继续中……

中国青年出版社
新青年读物工作室
"新青年·超级90后"

向海内外大中学生社团/个人/90后青春作家征集杂志、影像、电子书以及图文作品

秀自己，秀我·们，秀出我时代；

秀个性，秀梦想，秀我·们别漾的青春！

这里是中青社，新青年；我世代，《超级90后》；

这里是90后"大家"阅读·表达·分享一体化的草根平台，

我·们致力于出版最先锋、最青春、最自媒体（I-Media）的新青年读物……

90后自拍自摄自撰的青春图文书系列

《超级90后：我·们》　　　　《超级90后：漾》

全彩图文本　　　　　　　　　全彩图文本
图/文：超级90后·漾　　　　图/文：超级90后·漾
出品：新青年读物工作室，6月出版发行　　出品：新青年读物工作室，8月出版发行

如果有一天，整个世界都失忆了，属于90后的集体记忆可曾有刻写在哪里？还能让我们以此为线索，追寻来时之路？

答案就在这里：新青年，《超级90后》！

这是由90后自己策划、自己编撰、自己制作的图文书。

它们来自海内外华人大学生和中学社团自编自作的校园杂志、文字影像作品、电子杂志书，有个人的文字，也有学生自拍的生活剧、电影、视频短片等各类影像作品，以及其他一切反映90后生活、思想、内心世界的图文作品——中国青年出版社新青年读物工作室从中采撷精华，编辑成系列图文书，公开出版发行；同时，亦将策划、编辑、制作新青年系列新媒体读物，向互联网和整个社会传递90后的声音。

Come and join us，超级90后——我·们时代的新青年！

出版介绍：

中国青年出版总社是以青年为主要读者对象的国家一级出版单位，隶属于共青团中央；现任社长续文利，总编胡守文。总社六个图书编辑中心、一个工作室，新青年读物工作室就是那"非常6+1"，致力于专业、专心、专注地研发和提供如下"新青年读物"的类型产品/服务、文化：以"超级90后"为核心的新青春读物（如90后草根青春图/文书），以"新青年"为核心的新媒体读物（如EMOOK、电子图书和IPAD读物），以嫁接"传统经典再造"（经典名著的时代化/现代化、中国化和大众化－青春时尚化）和"青少年思想情报"（青少年读物的全球化－本土化、网络化、未来化）为阅读与出版理念的新青年读物（如"名著名译青春影像/时尚绘本"系列、"杰出青少年公开课"系列、"新青年小历史读物"系列）……

联系：中国青年出版社新青年读物工作室
地址：北京东四12条21号中青社502号房间
邮编：100708
E-mail: newyouthbook@sina.com
电话：010-57350502
官方QQ：70239125
官方微博：http://weibo.com/newyouthbook（新浪）

图书在版编目(CIP)数据

超级90后：我·们/许洁主编. — 北京：中国青年出版社，2011.6
(新青年文库. 超级90后系列)
ISBN 978-7-5153-0069-6

Ⅰ.①超… Ⅱ.①许… Ⅲ.①中学生－学生生活－文集 Ⅳ.① G635.5-53
中国版本图书馆 CIP 数据核字(2011) 第 130942 号

书　　名：	超级90后：我·们
主　　编：	许　洁
图 ／ 文：	超级90后·漾
责任编辑：	庄　庸
	曾玉立
制　　作：	都市华艺
出版发行：	中国青年出版社
社　　址：	北京东四十二条21号
邮　　编：	100708
网　　址：	www.cyp.com.cn
门 市 部：	(010)57350370
印　　刷：	北京市十月印刷有限公司
经　　销：	新华书店
开　　本：	787 × 1092　1/16
印　　张：	7.5
字　　数：	200 千字
版　　次：	2011年8月北京第1版 2011年8月北京第1次印刷
印　　数：	0,001-7,000 册
书　　号：	ISBN 978-7-5153-0069-6
定　　价：	29.80 元

本图书如有印装质量问题，请凭购书发票与质检部联系调换。
联系电话：(010) 84047104